नींद से पहले

(कहानियाँ)

किताबघर प्रकाशन
नयी दिल्ली

नींद से पहले

सोमा भारती

ISBN—978-93-81467-00-8

प्रकाशक
किताबघर प्रकाशन
4855-56/24, अंसारी रोड, दरियागंज
नयी दिल्ली-110002

प्रथम संस्करण
2011

आवरण
नरेन्द्र श्रीवास्तव

मूल्य
एक सौ पंचानबे रुपये

मुद्रक
बी०के० ऑफसेट
नवीन शाहदरा, दिल्ली-110032

NEEND SE PAHALE (Stories in Hindi)
by Soma Bharti
Price : Rs. 195.00

स्मृतिशेष पापा
स्व० परमानंद सिन्हा 'आनंद'
के नाम

क्रम

जस्सो मासी मर गई

फोन पर दिलीप मामा थे। 'जस्सो मर गई।' बुली हाथ में रिसीवर लिए खड़ी रह गई।

ज़स्सो! जस्सो मासी! माँ की छोटी बहन! जिसका होना, नहीं होना, घर के किसी सदस्य को प्रभावित नहीं करता था। बुली के ननिहाल का रिटायर्ड फर्नीचर। रखा जा सकता तो सीढ़ियों वाली बरसाती में रख दिया जाता, जहाँ घर का कबाड़ पड़ा था।

अब तक तो बुली ने यही जाना था। उसके अपने घर में भी माँ-पापा के बीच वे कभी उनकी चर्चा का विषय नहीं होतीं। अनछुए प्रसंग की तरह वे उनकी जिंदगी में शामिल थीं। बुली की अपनी सोच में भी वे वैसी ही थीं। एक सुस्त-सा किनारे पड़ा हुआ रिश्ता! वैसे भी उसे अपनी व्यस्तताओं से फुरसत कहाँ थी कि उस रिश्ते या उस व्यक्तित्व पर पड़ी धूल या काई साफ करके कुछ सोचे?

अचानक अभी मामा ने फोन किया। एक लंबे अरसे के बाद। सूचना दी। 'जस्सो मर गई।' अचानक बिलकुल इस खबर की तरह अप्रत्याशित, उसके अहसासों से ऑक्टोपस के पैर की तरह कई सिरे निकल आए और जस्सो मासी को लपेटकर उसके सामने ला खड़ा किया। एक रील घूम रही है। पूरी की पूरी सिनेमा के दृश्यों की तरह।

चीखें···और चीखें। चीखों के अंबार। एक के ऊपर एक लदती जा रही है। चीखों का जखीरा, कोने वाली सीढ़ी घर में, जिसकी सीढ़ियाँ ऊपर जाते हुए बंद हो गई हैं, वहाँ बंद है। उसकी गूँज आसपास की हवा में थरथरा रही है।

'···छोड़ दो माँ···अब मत मारो···अब ऐसा नहीं होगा···मर जाऊँगी माँ···छोड़ दो।'

कुएँ से पानी निकालता यदू दा···एक के बाद एक बालटी। हौदा भर जाने के बाद भी। पानी फर्श पर बने गड्ढों से होकर बहता हुआ।

चूल्हे पर सालन पकाती नानी। नानी यानी चपला नर्स। विराट् शरीर! कमर पर भीगी गमछी लपेटे, बड़ी-बड़ी कुम्हड़े जैसी लटकी छातियों को ढकती दूसरी

भीगी गमछी। बालों को पीछे उठाकर बाँधा गया छोटा-सा जूड़ा। चौड़ी माँग में ढेर सारा रक्त जवा का लाल सिंदूर। माथे पर उसी की बड़ी-सी बिंदी। बड़ी माने बहुत बड़ी, जो पसीने के साथ कभी नहीं फैलती।

'रात हसीं ये चाँद हसीं तुम सबसे हसीं मेरे दिलबर' हेमंत कुमार के गाने गुनगुनाता मस्त दिलीप मामा। वह और उसका गाना-बजाना, उसकी मस्ती।

इस तरह के अनगिन दृश्य। उन दृश्यों के सूराख से झाँकता एक और दृश्य। लाल कपड़े···यानी लाल धोती, जरी किनारी की लाल चादर बदन पर ओढ़े, बड़ी-बड़ी दाढ़ी-मूँछों और खुले लंबे काले घुँघराले बालों वाला एक साधु। आसन पर बैठकर खाता हुआ। उसे हाथ पंखा झलती जस्सो मासी। और ये सारे दृश्य जस्सो मासी की साँसों को छूते हुए···उनके इर्द-गिर्द···उनसे गुँथे हुए।

'जस्सो मासी मर गई।'

इस मौत से पहले बुली का अपने ननिहाल से बस इतना ही नाता था कि बचपन के दिनों में जब स्कूल गर्मी की छुट्टियों में बंद हो जाते, माँ उसे लेकर कटिहार अपने मायके जाती। नानी ढेर सारे सालन बनाती। अंडे का कालिया। भुनी कलेजी। मछली का झोल। बेगुन भाजा। और ढेर सारा घी डालकर भात। बहुत अच्छा खाना। हर शाम नानी और जस्सो मासी के साथ सिनेमा देखने जाना। लौटने में घोष काकू की दुकान से मलाई कारी (क्रीम चाप) लेकर खाना। तब खाना और सिनेमा देखना दोनों बुली को अच्छे लगते थे। इसलिए तब ननिहाल का आकर्षण तीव्र था। वह छुट्टियों का इंतजार करती थी। लेकिन बचपन ने ज्यों ही मुँह मोड़ा, फिगर का खयाल आया। डाइट कंट्रोल हुआ। पढ़ाई की व्यस्तता से सिनेमा की लगन छूटी त्यों ही नानी के घर का आकर्षण भी टूटा। और कुछ वहाँ था नहीं। जो सतह पर था, वह था नहीं। जो दिखता नहीं था, उसे समझने की बुली की तब उम्र नहीं थी। वहाँ कुछ भी गोपन नहीं था, पर वहाँ की स्पष्टता रहस्यमय थी।

'जस्सो मासी मर गई।'

इस सूचना में भी कुछ गोपन नहीं। पर जस्सो मासी की मौत? बुली अपने हाथ में पकड़े रिसीवर को देखती है, धीरे से रख देती है।

एक निःश्वास कंठ से नीचे उतरती है। उसकी देह की स्फूर्ति श्लथ होती है। इतनी कि पास पड़े सोफे पर वह बैठ जाती है। आँखों पर पपोटे भारी होकर लद गए। आँखों के छोटे-से कोटर में पूरा ननिहाल समा गया।

नानी के घर कुआँ है। कटिहार में भूगर्भीय जलस्तर नीचा नहीं है। पर नानी

तीसरे माले पर रहती है। सो कुआँ बुली को बहुत गहरा दिखता था। नीचे की ओर सँकरा होता हुआ। उन दिनों वह कुआँ बुली को बहुत अच्छा लगता था। कुएँ में मुँह झुकाकर नाम बुलाने पर आवाज लौट-लौट आती थी। मानो कुआँ भी पलटकर उसे चिढ़ाने के लिए वही नाम फिर से पुकार रहा है। पानी में हिलते अपने चेहरे के प्रतिबिंब को देखना भी उसे अच्छा लगता था। कुएँ से लगातार पानी खींचता यदु दा भी जादुई लगता था। जादू पुरुष! जो लगातार पानी खींचता हुआ थकता नहीं था। तब शायद उसकी थकान को पहचानने वाली आँखें नहीं थीं। या फिर उसका पानी खींचना गोपन नहीं था। पर्दो में थी तो बस उसकी थकान। शायद इस मौत की तरह। बुली की आँखों के भीतर से एक रास्ता निकलता है, जो दिल की गहराइयों की ओर जाता है···एकदम भीतर···अदृश्य तरल रूप जीवात्मा जहाँ वास करती है। वहाँ···वहाँ नानी के कुएँ के पानी की तरह वृत्ताकार छल-छल। वहाँ पर जस्सो मासी हैं। बुली को दिखती हैं। निर्वसन। आदमजात औरत। निखालिस औरत। कपड़े उतार दे तो बुली भी वैसी ही है। सिर्फ चेहरा जस्सो मासी का। आँखों में डर है। उत्सुकता भी। लप-लप करती लालसाएँ भी। और कुएँ से बाहर निकलने की चाहत भी। बुली आवाज देती है।

'जस्सो मासी।'···औरत कहती है···'नहीं, मैं जस्सो मासी नहीं···वह तो मर गई···वह तो कब की मर गई थी···शायद जन्म लेते ही···या शायद पिता का घर छोड़ते ही···मैं तो बस एक औरत हूँ···चारदीवारी की कैद में लप-लप करती लालसाओं···इच्छाओं के तरल सागर में तैरती। क्या तुम मुझे मुक्त कर सकती हो?'

बुली आँखें खोल देती है। कैसी अतृप्ति थी तुम्हें जस्सो मासी? किसी को क्यों नहीं बताया?—'जस्सो मासी मर गई।'

बहुत कम बोलती थीं जस्सो मासी। कई बार तो बस मूर्ख की तरह खाली-खाली आँखों से सामने वाले को देखती रहती थीं। तब नहीं बोलीं, आज बुली की साँसों में उतरकर चीख-चीखकर अपनी अतृप्ति घोषित कर रही हैं। पल-भर का ट्रांस। बुली जस्सो मासी में बदल गई। नानी का घर! ईंट-गारे का घर नहीं, चार प्राणियों के साँसों की डोर से गुँथा-बना घर! और उस घर पर नानी के विशालकाय व्यक्तित्व की घनी छाँह। छाँह जहाँ सूरज की रोशनी सीधी नहीं पड़ती। उस छाँह में दो छोटे-छोटे जीवंत पौधे। अपनी पुरसरूख जिंदगी के लिए हाथ-पाँव मारते। एक ने हाथ-पाँव हिलाया···और पत्तों से छनकर आ रही रोशनी से ऊर्जा ले ली। अपनी बाँहें फैलाकर जितनी दूर निकल सकता था, उतनी दूर

निकलने की कोशिश की···। बरगद न बना, छोटा पेड़ तो बन ही गया···। दूसरा जो बरगद की जड़ों से जुड़ा था, उसके पत्ते पीले थे···कठुआए हुए। छोटे-छोटे···। उसका विकास रुद्ध था। वह छोटा रह गया। अविकसित बोन्साई। यत्न से पाला-पोसा, तराशा हुआ बोन्साई नहीं। बदसूरत बोन्साई।

अभी, इस पल बुली वही बदसूरत बोन्साई है। इच्छाएँ शोर मचाती हैं। दीवारों से टकराती हैं। लौट-लौटकर साँसों को उसकी कैद का उलाहना देती हैं। बुली का दम घुटता है। वह भाग नहीं सकती। पैर जकड़े हैं। रास्तों की थाह नहीं। बस, छोटे-छोटे विरोध और विरोध में पाई सजाएँ। बुली मर जाएगी। बुली मर गई। बुली का ट्रांस टूटा।

'जस्सो मासी मर गई।' बुली की साँस कलेजे में काँपती है। जस्सो मासी से प्रश्न पूछती है···'क्यों मासी···तुम्हारी मौत की खबर में ऐसा क्या है, जो तुम्हारी साँसें रह-रहकर मेरी साँसें उधार ले रही हैं···? हैं ना तुम्हारी बहनें, उन्हें देती हूँ यह खबर···तुम उनसे जुड़ो···। प्लीज, मुझे मुक्त करो।'

'हाँ, माँ को भी खबर करनी है।' बुली ने सँभलने की छोटी-सी कोशिश की। वैसे भी यह कोई समस्या नहीं है। खबर सुनकर माँ को कोई हार्ट अटैक नहीं आने वाला। पर बुली डरती है। बुली की माँ, जस्सो मासी की बड़ी दीदी, ये और बात है कि किसी भाई-बहन से वे 'दीदी' संबोधित नहीं हुईं। सभी उन्हें 'प्रभाती' ही बुलाते थे। जस्सो मासी भी 'प्रभाती' कहकर ही बुलाती थीं।

बुली को यह डर नहीं कि माँ रो-रोकर हलकान हो जाएगी। सच तो यह है कि उसे अंदाज ही नहीं कि माँ की प्रतिक्रिया क्या होगी।

बुली अकेली संतान है। उसे पता नहीं। पर उसने सुना है कि भाई-बहनों में एक सुप्त प्रतिद्वंद्विता होती है। पर वहाँ, जस्सो मासी और उनके भाई-बहनों में···अगर कोई बात सुप्त थी तो वो था उनका प्यार। जस्सो मासी मर गई, पर उनकी हहर-हहर करती वेग में प्रवाहित ईर्ष्या बहुत स्पष्ट थी। बहुत वाचाल। बुली ने उनके प्रखर स्वर को अनेक बार सुना था। साथ ही अपनी माँ और दूसरी मासी नमिता की बातें भी सुनी थीं। ढेर सारे कारणों में एक यह भी कारण था, ज़ो उन लोगों का कटिहार जाना पिछले कई-कई वर्षों से स्थगित था। जस्सो मासी के लिए माँ की संवेदनाएँ सूखकर रिश्तों की फासिल बनकर रह गई हैं। उनके जड़वत् रह जाने की संभावना बुली को डराती है। संवेदना की मृत्यु का आघात किसी हाहाकार करते रुदन से ज्यादा होता है।

स्वयं बुली ने कभी जस्सो मासी को याद नहीं किया। तब भी जब वह छोटी

थी।···। बुली की स्मृतियाँ अचानक वेग से दौड़ती हैं। भूत की तरह उलटे पैर।···पीछे की ओर···। जब शायद बुली तीन या चार साल की रही होगी। अपने कोने के कमरे में जस्सो मासी का लाड़ से उसे दबोचना। उसकी छटपटाहट को अपनी बाँहों में कसकर उनकी आँखों का चतुर्दिक नाचना। उठकर दरवाजा बंद करना···और छातियाँ उघाड़कर उसके मुँह में पकड़ाना।

बुली को लगता है, वह फिर ट्रांस में जा रही है। उसे और कुछ याद नहीं। बस याद हैं उनकी वे दो आँखें। उनकी छातियों में दूध नहीं था, पर उस क्षण उनकी आँखों में जाने कितने युगों की तृषा थी···और न जाने कितने संवत्सरों की तृप्ति भी।

बुली को नहीं पता था, पर अपनी अँगुलियों से अगर अपने चेहरे को छूती तो उसे महसूस होता कि उसका चेहरा भीगा है। कई बार अहसास मस्तिष्क में आकृति नहीं लेते, बस, अपनी बाँहों में समेटते चले जाते हैं। और आदमी दुःख या सुख जीते हुए भी उसे जान नहीं पाता। उससे परिचित नहीं हो पाता। वैसे ही, समय के साथ उस सुख-दुःख के पार भी चला जाता है। ऐसे ही दुनिया चलती है। ऐसे ही बुली उस ट्रांस से निकल भी आई। उसने अपना चेहरा नहीं छुआ। उसका भीगना नहीं जाना। दुखी होते हुए भी दुःख को जाना नहीं।···और उबर आई उससे।···

'जस्सो मासी मर गई।'

दुःख ने उसे स्पंदित नहीं, स्तब्ध किया था। यह स्तब्धता स्मृतियों के चित्रपटल पर बनते दृश्यों से आँखें नहीं चुरा पा रही थी।

ड्राइवर टोला में जहूर मियाँ का मकान 'नूरमंजिल'···। तीसरे माले पर दाहिनी तरफ दस बाई दस के चार कमरे, एक बरामदा, एक रसोईघर और जालीदार दीवारों से घिरी हुई आँगननुमा जगह वाला घर। उस घर का चौथा कमरा जो कोने में रसोईघर के ठीक बगल में था···भंडारघर···जिसकी चौखट पर सिर रखकर प्रायः मासी लेटी रहती थी। लंबे काले घने तेल पुते बाल चौखट के बाहर पसरे होते। नानी ड्यूटी से आतीं 'अलग हटो—अलग हटो' की टेर लिए। और छू जाता उनका पैर मासी के बालों से। थकी नानी का गुस्सा सातवें आसमान पर पहुँच जाता। आलसी, कोढ़ी जैसी ढेर सारी गालियाँ उगलती हुईं वे मासी के साथ नाना और उनके पूरे खानदान को कोस लेतीं···जितनी भी देर उन्हें नहाने जाने में लगती, उतनी देर उनकी गालियों का सेशन चलता। नानी नर्स थीं। प्राइवेट नर्स। बच्चे पैदा कराती थीं। जचगी से आकर सीधे नहाती थीं, तभी किसी को छूतीं या

घर का कोई काम करतीं। और यह जस्सो मासी की किस्मत कि प्रायः हर बार वे उनसे छू जातीं। फिर नानी के नहाने के बाद उन्हें भी नहाना पड़ता। कोई मौसम हो, कोई-सा भी वक्त हो।

नानी की वे धाराप्रवाह गालियाँ जस्सो मासी पर से ऐसे गुजरतीं जैसे हवा के साथ मुट्ठी-भर रेत। हाँ, यदू दा के चेहरे पर पसरी चिरस्थायी-सी मुस्कान थोड़ी देर के लिए उदास हो जाती। पर यदू दा के पास न साहस था, न ही उतना समय कि नानी की उपस्थिति में उनकी हुजूरी से हटकर जस्सो मासी को अपनी सहानुभूति दे। उसे कुछ सोचने का वक्त ही कहाँ मिलता था। हर समय नानी की दहाड़ती पुकार घर में इधर से उधर घूमती रहती। यदू दा उस पुकार के पीछे-पीछे दौड़ता रहता। और इन गालियों के सेशन के तुरंत बाद तो यदू दा की ही पुकार होती। कुएँ से पानी खींचकर बालटी से सीधा नानी पर डालना होता था। फिर वह कुएँ के बगल वाले हौदे में पानी भर देता। तब नानी खुद नहातीं।

'जस्सो मासी मर गई।'

यदू दा पर क्या बीत रही होगी? यदू दा! नानी को छोड़कर घर के सभी सदस्यों के लिए 'यदू दा'। अनाथ यदू दा! कोई नहीं जानता उसका अपना घर कहाँ है। उसके माता-पिता कौन हैं? माँ कहा करती थी कि जरूर किसी क्वाँरी माँ की कोख की उपज होगा, जिसे माँ उठा लाई। शायद उन दिनों नानी का अपना दुःख उन्हें हर किसी के दुख से द्रवित कर देता था। तीन बड़ी होती बेटियाँ और दो महीने के दुधमुँहे बेटे को छोड़कर नाना जी जाने कहाँ चले गए थे। भूख ने जब अँतड़ियों को जलाना शुरू किया, अनपढ़ नानी ने कमर कसी। जिस दाई ने दिलीप मामा की जचगी कराई थी, नानी की महीने-भर मालिश भी की थी, उससे नानी का सखियापा हो गया था। उसी ने दस रुपए प्रति जचगी देने का वादा किया और अपने साथ रख लिया। ऐसा होता नहीं था। दाइयों को किसी सहयोगी की जरूरत नहीं होती थी। पर उसने रखा और नानी को इस विद्या में निष्णात कर दिया। नानी का भाग्य, साल बीतते न बीतते उस दाई की मृत्यु हो गई। और नानी की मात्र रोटी षोडश भोजन में बदल गई। देखते-देखते तन्वंगी नानी लंबी-चौड़ी विशालकाय हस्ती में बदल गईं।

उन्हीं दिनों जब वह चौड़ी हो रही थीं, यदू दा को लेकर आई थीं। वे उसे एक स्त्री की ममता से ले तो आईं, पर अब तो वह घर के मर्द की जिम्मेदारी उठा रही थीं, अपने बच्चों को भगवान् के भरोसे छोड़ रखा था, उन्हें पालने का समय कहाँ से लातीं? पर कुछ जीवन ऐसे होते हैं, जो अपनी उम्र ऊपर वाले से लिखाकर

आते हैं। यदू दा भी पल गया। अभरी की झाड़ की तरह। बिना पानी, बिना खाद के।

'जस्सो मासी मर गई।'

कैसा होगा यदू दा? सीढ़ियों वाली कोठरी में बंद अपने खिचड़ी हो गए बालों वाले सिर को दीवार पर पटकता होगा? या सीढ़ियों पर खामोश बैठा अँधेरे आसमान के चमकते तारों में जस्सो मासी को ढूँढ़ता होगा?…या नानी उसे उतना भी वक्त नहीं देती होंगी। पानी भरना, पोंछा लगाना…बरतन धोना…नहा-धोकर रसोई बनाने में उनकी मदद करना…और कुछ नहीं तो उकड़ूँ बैठकर नानी के पैर दबाना।…नानी तो उसे अपने दुःख के साथ बैठने भी नहीं देंगी, और तो और, मासी के दुःख से भीगी उसकी आँखें देख भी लेंगी तो रूल से मार-मारकर उसकी पीठ खून से तर कर देंगी। नानी एक सफल ममतामयी नर्स थीं…पर उनका वह रूप उससे बिलकुल विपरीत क्रूर थानेदार का था। पहले कई बार बुली ने उनके इस रूप को देखा था।…पर अभी क्या नानी स्वयं ऐसा करने की मनःस्थिति में होंगी? अब स्थिति दूसरी है… ।

'जस्सो मासी मर गई।'

नानी…क्या अब भी वैसी ही होंगी? अपनी आँखों के सामने अपनी संतान की मौत ने उन्हें तोड़ा नहीं होगा? माना जिगरे वाली औरत हैं, दिनचर्या नहीं बदली होगी…पर दिल? वह क्या कराहता नहीं होगा? ड्यूटी से आते ही घर भाँय-भाँय नहीं करता होगा। दिलीप मामा तो अपना गाना-बजाना लेकर कई-कई दिन बाहर रहता है। कमर पर लाल पाड़ वाली हरे रंग की साड़ी लपेटे जब मासी घर के किसी कोने में पसरी नहीं दिखती होंगी तो नानी को कैसा लगता होगा?

वे बूढ़े साधुओं जैसे लाल कपड़े वाले नाना जी आएँगे तो उन्हें खाना कौन खिलाएगा? नानी तो उनका मुँह भी नहीं देखतीं। माँ कहती है, वे उनके बाबा हैं। बुली ने भी उन्हें एक-दो बार देखा है। बुली की भी इच्छा नहीं होती कि उनके पास जाए। बिलकुल नानी की तरह। उनकी बड़ी-बड़ी आँखें कितनी लाल हुआ करती थीं। एकदम! मानो हरदम उनमें खून उतरा रहता था। इतनी रोब वाली नानी भी बुली को देखतीं तो उनकी आँखें बदल जातीं। ढेर सारा लाड़ समा जाता उनमें। वे नाना जी तो आकर बाहर कमरे में चौकी पर बैठते और आँखें बंद कर लेते। यदू दा गिलास और लोटे में पानी रख आता। वे बाहर रेलिंग पर जाकर हाथ-पाँव धोते, कुल्ला करते, और आकर फिर उसी मुद्रा में बैठ जाते। अंदर नही आते थे। नानी के सामने नहीं आते थे।

जस्सो मासी उन्हें खाना परोसकर खिलातीं। नहीं, थाली तो नानी ही लगातीं। ले जाकर उन्हें खिलाती मासी थीं।

जितनी देर वे रहते, नानी चौके से नहीं निकलतीं। उनकी लंबी-लंबी साँसें चूल्हे से निकलती उसकी धाह को भी कँपाती रहती। उन्हें देखकर लगता, जैसे कि कर सकती तो, वह सारा कुछ जो सँवरा है, तहस-नहस कर देतीं। चूल्हे को उलट देतीं। घर की सारी चीजों में माचिस की तीली लगा देतीं। सब कुछ वैसे ही धू-धू जलता, जैसे उनका दिल। पर हर वक्त गरजती रहने वाली नानी तब तक खामोश धुधुआती रहतीं, जब तक नाना जी बाहर कमरे में बैठे होते। अभिमान इतना था कि उस व्यक्ति को अपना क्रोध भी दिखाना नहीं चाहती थीं।

जाते हुए नाना जी हाथ के इशारे से मासी से कुछ कहते और जस्सो मासी नानी की आँख बचाकर उनके बटुए से कुछ रुपए निकालकर दे देतीं। न जस्सो मासी इतनी होशियार थीं, न नानी इतनी बुद्धू कि यह सारा व्यापार छुपा रहता। उन्हें विदा करके जैसे ही मासी चौके के पास आतीं, नानी के हाथ में जो कुछ होता···बेलन, छोलनी, कलछुल, फेंककर उन्हें दे मारतीं। परिचित चिंग्घाड़ती आवाज में बाप-बेटी को गालियों से भून देतीं। दूर से रुका क्रोध आँधी-तूफान की तरह फूट पड़ता। जस्सो मासी के लिए यह सब आम बात थी। बिना किसी प्रतिक्रिया के वह आँगन की दीवार में बने चौड़े छिद्रों से बाहर देखने लगतीं।

'जस्सो मासी मर गई।'

अब नाना जी को खाना कौन खिलाएगा? यदू दा खिलाएगा? आधा पागल तो वह तब ही हो गया था, जब दो साल पहले जस्सो मासी अपनी शादी के दूसरे महीने ही अपने होश खोकर लौट आई थीं। अब तो वह पूरा पागल हो जाएगा।

हाँ, दो साल पहले नानी ने अपना आखिरी भार उतार दिया था। नए मौसा रेलवे में टी०टी०ई० थे। मासी शादी के समय खुश दिखी थीं। अपने गहने-कपड़ों में उल्लसित। मौसा भी खुश दिखे थे, पर मासी लौट आईं। भागकर आईं। भागकर आने का कारण किसी को नहीं बताया। होंठ सीये जमीन पर लकीरें खींचती रहतीं। किन्हीं घड़ियों में टूटे-टाटे शब्दों में यदू दा को बताया या शायद उनकी टूटी-फूटी बातों से उसने ही अंदाज लगा लिया। गुइयाँ था न वो उनका। यदू दा ने माँ को बताया और माँ ने नानी को।

'जस्सो मासी के सामने मौसा ने अपनी भाभी के साथ सुहाग-शय्या का उपयोग किया।···वह विधवा थी। मौसा की अंकशायिनी। उस पूरे घर की मालकिन। जस्सो मासी को उस नाजायज संबंध पर पर्दा डालने और काम करने

के लिए लाया गया था। दोनों ने मिलकर उस पर बहुत जुल्म किए।'

'जस्सो मासी मर गई।'

पर उन्होंने किसी को कुछ नहीं बताया। किसी को अपनी देह पर पड़े निशान नहीं दिखाए। जन्मदात्री द्वारा दी गई मार की कठोर सजा वह भुगत लेती थीं। पर उन दोनों ने किस कसूर की सजा में उन्हें इतनी यातनाएँ दीं, वह नहीं समझ पाई। इसलिए उसे स्वीकार भी नहीं किया। रात के अँधेरे में भाग आईं। ऐसे भी अधिकतर वह खामोश ही रहती थीं। वह खामोशी कुछ बयान करती थी, पर यह खामोशी पथरीली थी। अपनी इस खामोशी में कब वह अपनी स्मृतियों के ताने-बाने में उलझीं, पता ही नहीं चला। होश खोने के बाद उनमें बस एक ही बदलाव आया। वह था अपनी माँ की तरह ललाट पर बड़ी-सी लाल बिंदो लगाना। सिंदूर की बिंदी। बड़े चाव से माँग भरतीं और बिंदी लगातीं।

बुली ने फिर से एक साँस कलेजे में उतारी। एक गहरी साँस!

'जस्सो मासी मर गई।'

दरवाजे पर माँ खड़ी थीं। उसे इस तरह बैठा देख चौंक गईं। पूछने ही वाली थीं...वह होंठ खोलतीं उसके पहले ही, जल्दी से, बिना किसी भूमिका के बुली बोल पड़ी–

'जस्सो मासी मर गई माँ!' और फिर थोड़ा-सा, मात्र पल-भर के लिए ठहरकर आगे बताया, 'दिलीप मामा का फोन आया था।'

बुली जितनी जल्दी इन शब्दों को उगल सकती थी, उसने उगल दिया। इतनी बार उसके भीतर इन शब्दों की पुनरावृत्ति हुई थी कि ये शब्द उसके होंठों पे अटके हुए थे। कहते ही अंदर कुछ खाली-सा महसूस हुआ। जैसे अभी तक जस्सो मासी उसकी बगल वाली कुर्सी पर बैठी हुई थीं और अभी-अभी उठकर चली गई हैं। कहीं भी।...शायद अब अपनी बहन के पास। बुली ने अपने इस खालीपन को पहचानने की कोशिश की। माँ को सूचना सौंप देने के साथ ही वह अपने पास लौट आई। अपने आसपास से जुड़ी। मेज पर सामने पड़े पर्स को देखकर याद आया। वह कहीं निकल रही थी। वह उठकर खड़ी हो गई। अपना पर्स उठाया। निकलने को तत्पर हुई। उसने माँ को नहीं देखा। जानबूझकर नहीं देखा। वह माँ का दर्द है, जो अभी तक बुली के कलेजे में पसरा हुआ था। नहीं, उसे मासी की यादों के साथ अपना पूरा दिन नहीं बर्बाद करना है। बाहर निकलने को पैर बढ़ाया। पर निकलते-निकलते आँखों ने चोरी कर ली। माँ को देख लिया। बुली ने देखा, माँ सिर झुकाए उसी चेयर पर बैठ रही थीं, जिस पर से उठकर बुली बाहर

निकल रही थी। एकाएक बुली को लगा, जस्सो मासी दो टुकड़ों में बँट गई हैं। एक टुकड़ा माँ की बगल में जाकर पहले की तरह बैठ गया है। और एक चुपके से उसकी छाती पर पड़े रंगीन दुपट्टे के नीचे साँसों के साथ धक-धक करती छाती की रफ्तार में उलझ गया है।

'जस्सो मासी मर गई।'

क्या सचमुच? बुली को लगता है कि इस सूचना के आने के पहले उनका अस्तित्व अगर कहीं पूरे पसराव के साथ था तो नूरमंजिल के उस भंडारघर तक सीमित था। या फिर नानी के कोसने में···या यदू दा के मरे हुए सपनों में। मरे हुए इसलिए कि उसकी आँखों में वर्षों से बुली ने दो कुएँ देखे हैं, जिसमें नमी नहीं दिखती थी···पानी नहीं दिखता था। नमी नहीं होगी तो परछाइयाँ कहाँ से आकार लेंगी? परछाइयाँ नहीं होंगी तो सपने कैसे सजेंगे? हाँ, बुली जब बचपन के दिनों में लौटती है···जब वह पाँच-छह साल की रही होगी। यदू दा के बाल काले थे। चमकीले और घुँघराले। वह बुली के लिए घोड़ा बनता था। और मासी भंडारघर की चौखट पर बैठकर गाती थीं। खूब खुश होकर। 'लाल झूटी काकातुआ धोरे चेजे बाएना।···चाई तारे लाल फिते चीरुनी आर आएना'।

बुली की स्मृतियों में बसे उन दृश्यों में जो यदू दा है, उसके चेहरे पर ढेर सारी खुशी होती थी। आँखों से तृप्ति का पानी छलक-छलक पड़ता था। हालाँकि वह समय बहुत थोड़ा था, पर तब शायद उसने भी सपने देखे होंगे।

'जस्सो मासी मर गई।'

और उसकी चिता की राख हवा में घुलकर हर उस व्यक्ति की साँसों में समा गई, जिस तक यह सूचना पहुँची। पसर गया उनका अस्तित्व! नानी की बरगदी छाँव के बाहर तक। दूर···दूर तक। शहरों की सीमा पार करके।···शायद नाना जी की साँसों में भी गाँजे के नशे के साथ यह राख समाई होगी···अगर खबर मिली होगी तो।

नाना जी का खयाल अचानक बुली को क्रोध से भर देता है। वह तेज कदमों से चलने लगती है। उसे होश नहीं है कि हाथ दिखाकर ऑटो रोक ले। एक के बाद एक ऑटोरिक्शा उसकी बगल से गुजर गए। वह अपनी धुन में बढ़ती रही। उसका क्रोध माथे पर पड़ती तेज धूप की तरह बढ़ता ही जा रहा है।

वही···वही तो हैं सबके दोषी! ब्याह कर लिया। बच्चे पैदा कर लिए और जिम्मेदारियों से भागकर संन्यासी का चोला पहन लिया। एक बंगाली ब्राह्मण वैद्य परिवार की निरीह-सी लड़की! जिसकी शिक्षा मात्र अक्षरज्ञान थी। जिसके मनबहलाव

का साधन मात्र 'जलसाघर' पत्रिका का शारदीय अंक हुआ करता था। जो 'सुचित्रा सेन ने उत्तम कुमार की नाक पकड़ ली' पढ़कर आह्लादित होती रहती थी। जिसकी दुनिया पति, बच्चे, अच्छा खाना और फिल्मी पत्रिकाएँ थीं। उसके माथे पर पूरा का पूरा संसार पटककर भाग जाना कहाँ की मर्दानगी थी? क्या हक था उन्हें ऐसा करने का? क्रुएल एसकेपिस्ट! बुली जब से बड़ी हुई है, माँ-पापा से नानी की क्रूरता की कहानियाँ सुनती और कुछ देखती भी आई है। पर उनके प्रति इसकी सोच कभी निष्ठुर नहीं हुई।

'जस्सो मासी मर गई।'

पता नहीं क्या हुआ था उन्हें? हो सकता है, नानी इसके लिए उत्तरदायी हों।···पर क्या पूरी विषबेल की जड़ों में विषबीज नाना जी ही नहीं? बुली चलते-चलते ठहर गई। दाँत भींचकर एक बार फिर 'एसकेपिस्ट' कहा। इस 'एसकेपिस्ट' में उसके मन में निहित सारे तिरस्कार थे।

छाती के पास लटका मोबाइल वाइब्रेट हो रहा था। जाने कब से। बुली ने नंबर देखा। माँ थी। माँ से बात करके उसने मोबाइल बंद किया। माँ को कटिहार जाना है। माँ ने अपने लिए टिकट कटाने को कहा है। बुली को लगता है उसे भी जाना होगा। वर्षों बाद वह जाएगी कटिहार। उन परछाइयों को छुएगी, जो वहीं कहीं हवा के अदृश्य परतों तले छुपी पड़ी होंगी। उन लम्हों को फिर से साँसों में उतारेगी, जो स्मृतियों में तो थे, पर कभी पलटकर जिन्हें देखा नहीं। जो आज उसके कंठ में सांद्र होकर उसके स्वर को अवरुद्ध कर रहे हैं। मासी! माँ जैसी! उन्हें कभी माँ जैसी माना नहीं। पर उनकी बिना दूध की छाती जाने कितनी बार चूसी है। उसके सिर को थामती उन हथेलियों में जाने कितनी ममता थी कि उसकी ऊष्मा आज बुली की नसों में गहरे उतरती जा रही है।

'जस्सो मासी मर गई।'

ननिहाल का सर्वाधिक उपेक्षित व्यक्तित्व!···फालतू फर्नीचर···दिलीप मामा के शब्दों में जाहिल, मूर्खा···नानी की गालियों में 'जाच्छेताई में···ऐकेबारे भींदू अपदार्थ' (बेकार लड़की भोंदू अपदार्थ)!

एक आम औरत!···तृषित औरत···जिसे अपनी ही तृषा का परिचय नहीं था···वही जस्सो मासी मर गई। नानी के घर के इतिहास का एक पन्ना फट गया। चिंदी-चिंदी होकर। हवा में उड़कर जाने कहाँ-कहाँ हो गया।

ट्रेन की स्पीड ठीक है···। तेजी से चल रही है टाइम से पहुँचाएगी। आमने-सामने सीट पर खिड़कियों के पास माँ-बेटी खामोश बैठी हैं। माँ का चेहरा सपाट है। यह खासियत भी बुली के ननिहाल में अहम भूमिका निभाती है। मन के भीतर कितने भी उतार-चढ़ाव आते रहे हों, चेहरा मूक ही रहता है। चेहरे पर स्मित न भी हो, माथे पर बल नहीं होता, पर बुली ऐसी नहीं है। ऐसा बुली सोचती है; पर उसने अपना चेहरा देखा कहाँ है? अपना चेहरा बिना आईने के कोई कैसे देखे? और आईना देखते वक्त तो चेहरा बदल जाता है। वह नहीं होता, जो व्यक्ति देखना चाहता है। बुली ने कई बार ट्राई किया है।

'जस्सो मासी मर गई।'

बुली माँ के साथ उनकी गमी में जा रही है। ट्रेन तेजी से गंतव्य की ओर भाग रही है। बुली ने खिड़कियों के शीशे उठा दिए हैं। स्लीपर वाले डब्बों का एक ही फायदा है कि खिड़कियों के शीशे ऊपर कर दो तो डब्बे की गुमसाई हुई मनहूसियत भरी प्रतीक्षा से मुक्ति मिल जाती है। प्रकृति से सीधा संबंध बन जाता है। तेज हवाएँ एक साथ खुले में खड़े पेड़ों को झुमाते हुए डब्बे के अंदर बैठे हुए लोगों को भी अपने स्पर्शों के मुलायम झटके देती रहती है। खिड़की के शीशे उठाते ही तेज हवा के झोंके बुली के सँवरे बालों को उड़ाने लगे। वह हाथ से उन्हें हटाती, हवा फिर शैतान बच्चे की तरह उन्हें उड़ाकर उसके चेहरे पर ले आती। थोड़ी देर के लिए ही सही, बुली आसपास की ऊब और बिना संवेदी तंतुओं को हिलाए पिछले दिन से साथ-साथ चल रही जस्सो मासी की जीवंत परछाइयों से परे हो गई। बस, तेज हवाएँ और चेहरे पर चोट करते उसके कटे सीधे बाल इन्हीं में व्यस्त हो गई। पर इस बार बालों को जो हाथ से परे किया, चौखट से आगे दूर तक पसरे तेल-पुते काले बाल आँखों की चौखट के भीतर पसर गए।

'जस्सो मासी मर गई।'

अब नानी हर रोज किसके बाल बाँधेंगी? नित्य का नियम था, दोपहर के बाद जब नानी का विश्राम पूरा हो जाता। मचिए पर बैठ जातीं अपने हाथों से जस्सो मासी के बाल सँवारतीं। बहुत प्यार से। यह प्यार शायद उनके बालों से अधिक था, क्योंकि मासी को तो बीच-बीच में उनकी पीठ पर मुक्के पड़ते रहते। 'अपदार्थ में ऐतो सुंदर चूल! नोगरा कोरे राखे।' (अपदार्थ (बेकार) लड़की, इतने खूबसूरत बाल! गंदा करके रखती है।) और उन बालों को सँवारकर जड़ों से बाँधतीं। जड़ों से ही बालों के दो हिस्से करतीं और दोनों की चोटियाँ बनाकर जड़ के चारों ओर लपेट देतीं। उसमें बड़े-से घुँघरू वाले काँटे लगाकर पक्का कर देतीं।

कभी 'बड़ बेननी' (बड़ी चोटी का जूड़ा) बना देतीं और बीच में खूबसूरत चाँदी का कंघा लगा देतीं। माँ कहती हैं, याद नहीं कभी जस्सो मासी ने किसी और से बाल बँधवाए हों? अपनी बहनों से भी नहीं। यादों के सिरे एक साथ अनेक, उलझे हुए होते हैं। एक सिरे के साथ दूसरा खुद ब खुद निकल आता है। नानी के हाथों मासी के बालों का बाँधना क्या याद आया...कई और बातें याद आ गईं, जो एहसास दिलाती थीं कि नानी की उन पर सिर्फ तानाशाही ही नहीं चलती थी... ममता भी बरसती थी। नानी मासी को भी मामा के साथ पीढ़े पर बैठाकर खाना परोसती थीं। खुद परोस-परोसकर खिलाती थीं। थालियों में ऊँचाई तक उठा हुआ अरवा चावल का भात, पहले घी और नमक के साथ परोसतीं, फिर बेगुन भाजा फिर पारी-पारी से सारे सालन और अंत में मछली का झोल। बस, खाकर उठते ही नानी के हाथ का बना संदेश दोनों खुद निकालते, तब तक नानी यदू दा का खाना परोसतीं। बिलकुल वैसे ही जैसा उन दोनों को। उसे खाना देकर उनकी अपनी पारी होती। मुट्ठी-भर भात, बेगुन भाजा और मछली का झोल बस!

यदू दा बरामदा पोंछकर ही खाने बैठता था। नंगी जमीन पर पसरकर सभी आराम करते। एक घंटे बाद नानी को कहीं डिलिवरी कराने जाना होता तो निकल जातीं। नहीं तो तैयार होकर दोनों माँ-बेटी किसी सिनेमा के लिए। दिलीप मामा अपने यार-दोस्तों में।

'जस्सो मासी मर गई।'

पैंतीस वर्षों का साथ था, जस्सो मासी और नानी का। माँ और नमिता मासी की शादी सत्रह साल में हो गई थी। जस्सो मासी ही थी, जिसे भले ही नानी मारती-कूटती हों, उसके सुख-दुःख की एकमात्र श्रोता या हिस्सेदार तो जस्सो मासी ही थी। साये की तरह उनके आगे-पीछे। कैसी होंगी नानी?

गाड़ी रुक गई है। पटरियों पर कोई बड़ा-सा पेड़ गिरा है। रात इधर बड़े जोर की आँधी आई थी।

'जस्सो मासी मर गई।'

यह कितनी बड़ी आँधी है? बुली को नहीं पता। कटिहार के ड्राइवर टोला मोहल्ले में राला राम इंस्टीट्यूट के पीछे वाली सड़क के सीधे बड़े नाले के बाईं ओर वह बड़ा-सा बरगद जो जहूर मियाँ के छोटे-से मकान के भीतर अपनी छाँह तले रहने वालों को धूप की गर्मी और बरसात की बौछारों से बचाकर रखता था, क्या इस आँधी को झेल पाया है? क्या वह अब भी तना खड़ा झूम रहा है? या फिर गिर पड़ा है, जिंदगी की गाड़ी की रफ्तार को रोककर छितराया पड़ा है अपने पूरे

अस्तित्व के साथ जहूर मियाँ के छोटे-से मकान में?

माँ बेचैन हैं। कभी माँ इतनी बेचैन नहीं होतीं। सच तो यह है कि नानी का सारा परिवार नानी को छोड़कर बहुत कूल है। बहुत शांत। माँगने, जूझने का कोई सामर्थ्य नहीं। ये न जोर से रोते हैं, न हँसते हैं। पापा कहते हैं, ये कठपुतलियाँ हैं। नानी ने कहा, 'पैसे नहीं हैं, नहीं पढ़ा सकूँगी तुम लोगों को।' नाना जी ने जब घर छोड़ा था, माँ सातवीं में थीं। छोड़ दी पढ़ाई। दो-तीन वर्षों के बाद शादी हुई। पापा ने कहा, 'पढ़ना है तुम्हें।' पढ़ना शुरू कर दिया। हाँ, माँ ऐसी ही हैं। नमिता मासी भी शायद ऐसी ही हैं, पर जस्सो मासी?

'जस्सो मासी मर गई।'

पर हर बार वह वही करतीं, जिसके लिए उन्हें बेहिसाब मार पड़ती। क्या करती थीं तुम जस्सो मासी? जो इतनी बेमुरव्वती से नानी तुम्हें मारती थीं। और तुम्हारे बाद यदू दा को भी वैसी ही मार पड़ती थी। दोनों देखने में मूर्ख लगते थे और''। मासी, क्या आप दोनों प्रेम करते थे? लेकिन बुली की स्मृतियों में कोई ऐसा क्षण नहीं था, जिससे उसकी इस शंका की संपुष्टि हो। और रही यदू दा की बात, तो वो तो पूरे घर को प्यार करता था।'''शायद अपना कर्तव्य समझता था।

पेड़ हटाया जा चुका है। लोग वापस डब्बे में आ रहे हैं। दो घंटे लग गए। पहुँचते-पहुँचते शाम हो जाएगी।

पहुँचने के नाम पर बुली को डर लगने लगा है। ऐसा नहीं होना चाहिए, पर हो रहा है। उसने कभी किसी मौत को करीब से नहीं देखा है। लेकिन अब तक तो जस्सो मासी की देह अग्नि के सुपुर्द हो चुकी होगी। यह देह को अग्नि की भेंट चढ़ा देना बहुत ही क्रूर क्रिया है। इसके साथ जुड़ी धारणाएँ भी व्यर्थ हैं। मिट्टी मिट्टी में मिल गई। दफना देने पर भी तो देह मिट्टी में ही मिल जाती है। बुली जब मरेगी'''मरणासन्न होगी, उसके आसपास तब जो भी होगा, उससे कह देगी, 'उसे जलाया न जाए।' बुली को जलने से डर लगता है। जस्सो मासी को भी जलने से बहुत तकलीफ होती थी। एक बार बत्ती चली गई थी, मोमबत्ती जलाते हुए पिघली हुई मोम से मासी की उँगली जल गई थी। कितना रोई थीं। उतना तो नानी की हड्डी-तोड़ मार खाकर भी नहीं रोती थीं।'''वह कह नहीं पाई होंगी कि उन्हें जलने से डर लगता है। वह कुछ भी कहाँ कहती थीं।

'जस्सो मासी मर गई।'

उनकी देह अग्नि को भेंट कर दी गई। जलती हुई मासी की चीख, बुली के बंद होंठों के भीतर दर्द की एक अनजानी चीख में बदलती जा रही है। बुली को

लगा, उसे कल ही कटिहार पहुँच जाना चाहिए था··· । मासी की मृत देह को जलाने से रोक देना चाहिए था। पर अब तो सब हो चुका होगा। वह राख बन चुकी होंगी। बुली के कंठ में ढेर सारी गीली चीखें इकट्ठी होकर गले को रुद्ध कर रही हैं। बाहर हवा तेज है। हवा के सहारे आग की अदृश्य लपटें बुली के चेहरे को छूती हैं। बुली ने झट से शीशे गिरा दिए। अब हवा भी बाहर है और आग की लपटें भी।

डब्बे में एक और बंगाली परिवार बैठा है। माँ उनसे बातें कर रही हैं। चपला नर्स की बेटियाँ दूसरी बंगाली लड़कियों की अपेक्षा बहुत कम बोलती हैं। पर सामने वाला कुछ पूछे तो बोलना पड़ता ही है। बंगाली लड़कियाँ और कम बोलना, आश्चर्य की बात है, पर ये बंगाली होने के साथ चपला नर्स की बेटियाँ भी हैं।

लेकिन बुली की सोचों को ठहरना पड़ा। सामने की सीट पर बैठी भद्र महिला, उनके पति और उनकी सास तीनों माँ से नानी की बातें कर रहे हैं। उनकी वृद्धा सास नानी को चपला संबोधित कर रही है। शायद ये लोग पुराने परिचित हैं। माँ उनकी बातें सुनकर कभी 'हाँ', कभी 'ना' कर रही हैं।

'जस्सो मासी मर गई।'

वे जानते हैं। उनकी मौत पर अफसोस कर रहे हैं। नानी के लिए अफसोस कर रहे हैं।

'आहा रे··· बेचारी चपला की जिंदगी! अभागिन माँ, अभागिन बेटी!'

आज पहली बार किसी बाहरी व्यक्ति के मुँह से नाना जी के बारे नें सुन रही है। वह वृद्धा शायद नाना जी से बहुत स्नेह करती थी। नानी के दुःखों के लिए उनका अफसोस उनकी भावनाओं के अनुसार नाना जी की प्रशंसा में रूपांतरित हो रहा था।

बुली उनको ध्यान से सुनती है। वे कह रही हैं, 'वह पक्का कम्युनिस्ट था। मेरा बड़ा बेटा और वो, दोनों ने तय किया था, ब्याह नहीं करेंगे और पार्टी के लिए पूरी जिंदगी होम कर देंगे। वैसे भी उन दिनों पार्टी के काम से उन्हें टाइम से खा पाने की फुरसत नहीं मिलती थी, वे शादी-ब्याह क्या करते। कितनी बार तो दोनों रूस गए। गोरी मेमें भी उन्हें रिझा नहीं सकीं। पर एक बार हारान गाँव क्या गया, चपला को ब्याह करके ही ले आया। दोनों में उम्र का भी बहुत फर्क था। ले तो आया ब्याह करके, पर थोड़े ही दिनों में मुरझाने लगा। पार्टी के कार्यकर्ता को पैसे ही कितने मिलते थे? दूसरा कोई काम वह करता नहीं था। खर्च चलाने की खींचतान होने लगी। फिर पार्टी के बड़े नेता भी उससे नाखुश होने लगे। वह पहले की तरह पार्टी को समय नहीं दे पाता था। इधर चपला खींचती···उधर पार्टी। पास

में पैसा न कौड़ी। भाग गया हारान। पार्टी से भी···चपला से भी। पार्टी को उसने अपनी उम्र का बड़ा हिस्सा दिया था, पर वक्त पर पार्टी ने उसका साथ न दिया। पत्नी तो जुमा-जुमा चार दिन हुए आई थी। साधु हो गया। चपला उस हीरे को सँभाल न सकी···वृद्धा ने गहरी साँस ली।

बुली वृद्धा को सुन रही थी। बुली जानती है कि निम्न-मध्यमवर्गीय बंगाली युवा बहुत गर्म खून और इमोशनल होते हैं। कौम के लिए, राष्ट्र के लिए···या फिर कुछ अपने लिए विशिष्ट करने की अदम्य लालसा में जीते हैं। कुछ तो मंजिल पा लेते हैं। कुछ लंबे निठल्लेपन या मौखिक उत्तेजना में उम्र का उपयोगी हिस्सा गँवाकर किसी मेडिकल या सेल्स कंपनी के रिप्रेजेंटेटिव बन जाते हैं या पिता या किसी असरदार की पैरवी से रेलवे की नौकरी पा लेते हैं। और कुछ को जब होश आता है, कुछ भी करने की उम्र गुजर जाती है। तब पत्नी या बेटे-बेटियाँ परिवार की कश्ती को घसीटते हैं। अब स्थितियाँ बदल रही हैं, फिर भी बुली ऐसे लोगों को हिकारत से देखती है—उन्हें बिलकुल पसंद नहीं करती थी।

नाना जी के लिए उस वृद्धा की सहानुभूति उसे अच्छी नहीं लगी। फिर भी कटिहार पहुँचने तक अपने ननिहाल के बारे में बुली ने बहुत कुछ जाना, जिसे माँ ने नहीं बताया था। पर कुछ खिड़कियाँ अब भी बंद थीं। उनकी दरारों से भी बुली को कुछ नहीं दिख रहा था।

पुल से उतरकर नूरमंजिल के लिए जब बुली और माँ रिक्शा ले रही थीं, फिर वही बंगाली परिवार उन्हें मिल गया। वे आश्चर्य से उन्हें नूरमंज़िल के लिए रिक्शा तय करते देख रहे थे। उन्होंने उन्हें रोका। किनारे बुलाकर आश्चर्य व्यक्त किया। 'कैसे? इतनी बड़ी बात उन्हें कैसे मालूम नहीं? कैसे अपने हो तुम लोग?' माँ आँखें फाड़े उन्हें देख रही थीं। क्या हुआ है?···क्यों रोका नूरमंजिल के लिए रिक्शा करने से? उन्होंने बताया तो बुली और माँ दोनों कुछ पलों के लिए सकते में आ गईं। इतनी बड़ी बात हो गई थी और वहाँ से उन लोगों ने कोई खबर भी नहीं की। हाँ, खबर भी क्या करते? और ऐसे भी नानी के घर जो कुछ घटित होता है, वह 'महान्' ही होता है। बुली दूसरे ही पल सहज हो गई। हालाँकि इस तरह की सूचना के लिए वे तैयार नहीं थे।

जहूर मियाँ ने दो महीने पहले पुलिस बुलाकर घर खाली करवा लिया था। नानी ने पंद्रह वर्षों से किराया नहीं दिया था। माँ की सकते में खुली आँखें झुक गईं। क्या शर्म से? या माँ इस बात को जानती थीं?

उन्होंने ही बताया कि नानी जहूर के आगे गिड़गिड़ाती रहीं, 'तुम्हारे घर के उन

सारे बच्चों का वास्ता, जिनकी जचगियाँ मैंने कराईं…और छदाम भी नहीं लिया तुमसे…'

पर शायद हिसाब बराबर नहीं था। उन्हें घर छोड़ना पड़ा। उस बंगाली परिवार ने ही उनका नया पता दिया।

सड़क के बगल से गुजरती गलियाँ काफी तंग थीं। सटे-सटे मकान। पूरी गली में एक तेज बू। नानी यहाँ कैसे रहती होंगी? गली के दाहिनीं ओर मुड़ती, फिर एक गली। बहुत पतली गली। रिक्शा गली के बाहर ही रुका। पर यहाँ बू नहीं है। खुशबू भी नहीं है। पर साँसों को मानो साँस मिली। बाँस की बनी जाफरी के बाहर चपला नर्स के नाम की नेमप्लेट लगी है। नेमप्लेट देखकर मन में उत्साह उमड़ा। पर दूसरे पल ही पैरों का वजन मन-मन भर हो गया। माँ वैसी ही खामोश।

जाफरी का दरवाजा एक दुबली-पतली लड़की ने खोला। उम्र में बुली से छोटी दिखती है। माँग लंबी और पूरी माँग में टक-टंक लाल सिंदूर। माथे पर चवन्नी साइज की लाल बिंदी। नानी की तरह। या फिर जस्सो मासी की तरह। बिंदी उसकी काया पर भारी है, पर है जगर-मगर। उसने झुककर माँ के पाँव छुए। माँ के चेहरे पर फैली उदास खामोशी में एक अनजानेपन का भाव उभरा। पर उन्होंने कुछ पूछा नहीं। लड़की के पीछे-पीछे अंदर की ओर बढ़ी। छोटे-छोटे दो कमरे आमने-सामने, बीच में एक हाथ चौड़ा और कमरे की लंबाई जितना लंबा कॉरिडोर, आगे छोटा-सा बरामदा, जिसके एक ओर छोटा-सा रसोईघर, दूसरी ओर बाथरूम। रसोई का दरवाजा खुला है। मन में पहला प्रश्न आया कि इस छोटी-सी रसोई में नानी कहाँ समाती होंगी? इस घर में बुली को कहीं जस्सो मासी नहीं दिखाई दीं। कहीं पर उनकी परछाईं नहीं। बुली तो जस्सो मासी के लिए आई है। उसके होंठ बुदबुदाए, 'जस्सो मासी!'

'उनकी अंतिम विदाई यहीं से हुई।' लड़की ने जानकारी देने की कोशिश की। माँ ने उसकी बातों को अनसुनी करते हुए पूछा।

'कौन है तू? माँ कहाँ है?' माँ के स्वर की उपेक्षा को उसने भी अनदेखा किया। अपना परिचय देने में खामोश रही। इशारे से दाहिनी ओर के कमरे में जाने को कहा। परदा हटाते ही फर्श पर बिखरी पड़ी थीं नानी। उन्हें देखकर बुली को एकाएक फिर याद हो आई।

'जस्सो मासी मर गई।'

और बुली जस्सो मासी की गमी में आई है। जस्सो मासी की परछाइयों से

मिलने, स्मृतियों के अनगिन पल दोहराने आई है। पर जब से यहाँ पहुँची है, उसे कहीं जस्सो मासी नहीं दिखी हैं। पल-भर के लिए तो अनजानी जगह, अनजाने व्यक्तित्व के साथ अपने आने और आने के प्रयोजन को भी भूल गई थी। पर वह परछाईं यहाँ थी। आँधी में गिरे इस विशाल बरगद के तने के आसपास। मासी आज भी उसी बरगद के आसपास है, जिसके साथ हमेशा थी। कमरे के कोने में टँगने पर पड़ी थी, लाल पाड़ वाली हरे रंग की साड़ी। जस्सो मासी की प्रिय साड़ी। पूरे कमरे में, फर्श पर पेट के बल खुले-फैले आँचल के साथ औंधी लेटी हुई नानी और टँगने पे टँगी साड़ी बस, बुली को यही दिखे। नानी ने सिर नहीं उठाया। इनके आने का उन्हें पता चला भी या नहीं, बुली नहीं जान सकी। माँ वहीं दरवाजे से उढ़गकर बैठ गई। उनके बहुत पास। उनकी देह पर हाथ रखकर। खामोश! कुछ ही क्षणों में बुली को लगा इस खामोश शोर से उसके माथे की नसें फट जाएँगी। विचित्र फुसफुसाती हुई खामोशी। उसने ऐसा कभी नहीं सुना था। कभी नहीं महसूस किया था। इन दोनों माँ-बेटी की खामोशी के बीच, जैसे सिसकियाँ सिसक रही हैं। रुदन चीत्कार कर रहा है और खामोशी चट्टान की तरह अडिग है। बुली को लगा, इस विचित्र शोर से उसकी ही नहीं, माँ की माथे की नसें भी फट जाएँगी। मर जाएँगी माँ भी। और माँ को अभी मरना नहीं है। उसने माँ के हाथ पकड़े और खींचती हुई बाहर ले आई। माँ बरामदे में भी दीवार से उठंगकर धँस गईं, मानो एक कदम भी उठकर चल नहीं सकती।

'जस्सो मासी मर गई।'

माँ के चेहरे की खामोशी पर अब मासी की मौत कहर बरपा रही है। पर स्वयं बुली को क्या हो रहा है? पटना में जब उसे खबर मिली थी, वह स्तब्ध हो गई थी; पर अपने दुःखों को पहचान नहीं पाई थी। जान नहीं पाई थी। यहाँ आकर तो और भी जैसे उलझती जा रही है। उसके कलेजे के भीतर होती हलचल बिलकुल अनजानी है। वह उसे महसूस कर रही है, पर उस अहसास,... उस हलचल से उसका परिचय नहीं है। लेकिन वह उनके साथ अधिक नहीं उलझती। उन हलचलों को उनके साथ ही छोड़ देती है। उन्हें जानने की कोशिश भी नहीं करती है। बस, एक के बाद एक चेहरे, रिश्ते और उनकी यहाँ पर दर्ज उपस्थिति की उठती-गिरती यवनिका के पार देखने की कोशिश में लगी है। लेकिन ऐसा वह जानबूझकर नहीं कर रही। बस हो रहा है।

'जस्सो मासी मर गई।'

नाना जी को पता है या नहीं? उस सोच के साथ ही पलकें उठाईं तो दरवाजे

पर नाना जी खड़े थे। आँखें गाँजे के दम से लाल थीं या रोने से? पता नहीं। नाना जी को अरसे बाद देखा। पूरे बाल···पूरी दाढ़ी···सफेद हो गई है। बाल गंदे भी हैं। लाल कपड़ों पर पहले-सी चमक नहीं। गोरा चेहरा भी मलगजी हो चुका है, झुर्रियों से भरा है। बुली उनके चेहरे पर दुःख की लकीरें खोजतो है। वे धीरे-धीरे नानी के कमरे की ओर बढ़ते हैं। माँ जल्दी से उठकर उन्हें रोकती हैं। दूसरे कमरे से दिलीप मामा नंगे पाँव माड़ी धोती में मुँड़े सिर अपने कमरे के दरवाजे तक भागे हुए आते हैं, उन्हें रोकने। वे कमरे से बाहर नहीं निकलेंगे, उन्होंने मुखाग्नि दी है। वे कर्ता हैं। पर नाना जी किसी की नहीं सुनते। ठीक दरवाजे के सामने जाकर खड़े होते हैं। एक घायल-सी कराहती आवाज बहुत मद्धिम होने के बाद भी पूरे घर में गूँजती है।

'चपला'

और दूसरे पल मानो पूरा घर एकबारगी हिल उठा। नानी की आँसू से भरी चिंग्घाड़—'चोले जाओ, एइ मात्रो एखान थेके चोले जाओ। चोले जाओ···चोले जाओ···निजेर पराजिवि संतान देर निये···चोले जाओ। आमी तोमादेर देखते चाइना।···नष्ट कर दिले तोमरा आमार सारा सूख···आमार पुरो जीवन···नर्क कर दिले आमार संसार···। अपदार्थ पुरुष···आमी तोमार चेहारा देखते चाइना···की देखते ऐसे छो···? एखोनो हौयनी आमार दुर्भाग्य शेष···तोमार दैवा दुःखेर चरम ऐखोनो आसेनी···चरम आस्ते दाओ···तबे एसो विजयपताका निये···। एखोनो चपला भाँगेनी···'

(चले जाओ, इसी वक्त यहाँ से चले जाओ, चले जाओ, चले जाओ अपने परजीवी संतानों को लेकर। मैं तुम लोगों को देखना नहीं चाहती।···नष्ट कर दिए तुमने मेरे सारे सुख···मेरा पूरा जीवन···मेरे संसार को नरक बना दिया···। बेकार पुरुष···मैं तुम्हारा चेहरा नहीं देखना चाहती।···अभी तुम्हारे दिए दुःखों का चरम नहीं आया है।···उसका चरम आने दो···तब आना विजयपताका लेकर···अभी चपला टूटी नहीं है।)

नानी की आधी चिंग्घाड़ आँसू से भीग गई थी। खुले बाल, गिरा आँचल। नानी कमरे में उठ बैठी थी। मानो मंदराचल पर्वत सागर के बीच उठा हुआ हो। सागर का मंथन करते-करते थका हुआ। फिर भी पर्वत तो पर्वत है। महाकार। नाना जी उस पर्वत के आगे बौने होकर अदृश्य हो गए। कराहती आवाज भी रुक गई। झुककर धीरे-धीरे लौट गए। बुली के मन में ममता जगी ठीक जस्सो मासी की तरह। कुछ खाया-पिया भी है या नहीं? पर आगे बढ़कर उन्हें रोक नहीं सकी।

कैसे रोकती, वह जस्सो मासी नहीं।

'जस्सो मासी मर गई।'

नाना जी चले गए। नानी फिर बिना किसी से बात किए फर्श पर ढह गईं। अपने कलेजे के भीतर फिर उसी हलचल से बुली व्याकुल होने लगी। ये क्या हो रहा है उसके भीतर? ये क्या है? दुःख या दर्द का कौन-सा स्वरूप है? क्या ढूँढ़ रहा है उसका मन? कौन-सी तलाश उसे यहाँ खींच लाई है? जस्सो मासी की तलाश है? पर उसे पता है कि वह अब कभी नहीं दिखेंगी। पर पहले कभी तो उन्हें देखने की, न उनसे मिलने की ऐसी इच्छा हुई? बुली ने स्वयं को जवाब दिया, शायद मासी थी वह उसकी इसीलिए···। और शायद जब कोई चीज हाथ बढ़ाते मिल जाए तो उसकी उतनी तलब नहीं होती···और खो जाने के बाद अपने जीवन में उसकी जगह का पता चलता है। लेकिन तर्कों पे कसा होने के बाद भी अपना उत्तर उसे संतोष नहीं दे सका। इतनी तड़प···? अचानक उसे यदू दा की याद हो आई। जब से आई है, उसे देखा नहीं। नानी के घर का कोई काम उसके बिना पूरा कहाँ होता था? आज क्यों नहीं दिख रहा है? नानी के साये के आसपास क्यों नहीं? उसके होंठों ने बस पूछ लिया–'यदू दा नहीं दिख रहा है···कहाँ गया है?'

किससे पूछा, पता नहीं।···पर पूछा। उत्तर में अपने कमरे से ही दिलीप मामा चिल्लाया, 'उस हरामी के पिल्ले का नाम इस घर में मत लो। जिस पत्तल में खाया उसी में छेद किया। आज भगाया उसे माँ ने उस आस्तीन के साँप को, जब सब कुछ नष्ट हो गया।'

फिर वैसी ही हलचल! ये क्या हो रहा है बुली? इस बार बुली को खुद से प्रश्न करना ही पड़ा। यदू दा नौकर नहीं था। पर समय के साथ नौकर बन चुका था। हालाँकि नानी का ढेर सारा प्यार पाकर भी दिलीप मामा इधर-उधर रहता था और मार खा-खाकर भी यदू दा नानी के आसपास ही बना रहता था। देवी की तरह पूजता था उन्हें। चाहता तो कभी का जा सकता था इन्हें छोड़कर, पर नहीं गया। उस यदू दा के साथ भी मासी की ही तरह बचपन का नाता था। उसे तो और कभी याद नहीं किया। पर दिलीप मामा का उसके लिए ऐसा बोलना अच्छा नहीं लगा। कलेजे की ऐंठन बढ़ती जा रही है।

'जस्सो मासी मर गई।'

शोक-संतप्त परिवार। नानी वैसी ही पड़ी है। वही लड़की इधर से उधर कर रही है। उसके माथे की बिंदी की तरह गोल-गोल आँखें ढेर सारा रहस्य उगलने को बेहाल दिख रही है। पर उससे कोई कुछ पूछ ही नहीं रहा था।

दर्द का सीधा साक्षात्कार दर्द की टीस को कम करता है। माँ दिलीप मामा वाले कमरे के दरवाजे पर आकर बैठ गई। दोनों भाई-बहन कुछ पल खामोश रहे। फिर ढेर सारा गप्प दुःखों के कलेवर में लपेटकर निपटा लिया। यह लड़की, जिसका नाम रानी है, दिलीप मामा की ब्याहता है। मामा के अनुसार, नानी को तो अच्छा खाना, पहनना और सिनेमा के अलावा कुछ ध्यान में रहता नहीं था। न बच्चों को ढंग से पढ़ाया-लिखाया, न उनके शादी-ब्याह की चिंता की। माँ को इसकी सहमति में सिर नहीं हिलाना था, क्योंकि उनकी शादी समय से और अच्छा ले-देकर की गई थी, पर उन्होंने सहमति में सिर हिलाया। मामा ने अगला दुखड़ा रोया—"जस्सो एक दिन भी ससुराल नहीं बसी। यहाँ सब कुछ मिल ही रहा था तो वहाँ रहने की क्या जरूरत थी···माँ ने भी ब्याह का नाम पूरा किया था···देखो, जो किया उसका फल सामने है।"

इस बात को बीच में छोड़कर वे आगे बढ़े। उन्होंने बताया कि उन्होंने खुद से शादी कर ली, मंदिर में जाकर। माँ ने बिना किसी हील-हुज्जत के मान भी लिया। बोली भी कि कुछ पैसा होगा तो 'बहुभात' करके ब्याह को सामाजिक कर देंगे।···पर पैसा कहाँ से आता? मामा के चेहरे पर ढेर सारी वितृष्णा थी—"अब कौन उन्हें बुलाता ही था? अब लोग डॉक्टरों के पास जाना पसंद करते हैं।···और अब बुढ़िया भी तो गई है। केस भी तो खराब होने लगे हैं। तभी तो जस्सो···"

"क्या?" माँ चौंकीं। साथ ही बुली भी, पर मामा चुप हो गया। लाख पूछने पर भी कुछ न बोला।

'जस्सो मासी मर गई।'

उसकी मौत के चारों ओर ढेर सारा रहस्य। दुःख का समय पहाड़ की तरह! रानी ने कहा, 'कुछ खा लो।' खा भी लिया। क्या और कैसे? पता नहीं। बरामदे में ही उसने गद्दे डाल दिए, पर कोई सोया नहीं। बैठे-बैठे रात कट गई।

सुबह पंडित आया। नाऊ आया। सारे विधि-विधान रानी ही करवा रही है। पुरखिनों की तरह आदेश देकर पति के सारे कर्मकांड पूरे करवा रही है। मामा जब कौए को भोजन देने नाऊ के साथ गया तो रानी चुपके से माँ के पास सरक आई। बुली ने उसका रहस्यात्मक ढंग से सरकना देखा। रहस्य पचाना उसके लिए कठिन हो रहा है। बुली के कान भी सजग हो गए। वह फुसफुसा रही है—"पाँचवाँ महीना लग गया था। गिराने ही नहीं देती थी···बहुत घिघियाई थी दीदी···क्या बोलूँ··· इतना कलप रही थी···'माँ, तूने मेरे सारे बच्चे मुझसे छीनकर मुझे ठूँठ कर दिया है···इसे मत छीन···मैं कैसे जिऊँगी?"···माँ चिल्लाती—"रहती अभागिन अपने

खसम के पास···बच्चों के ढेर लग जाते। इतनी ऐंठ क्यों थी? चली क्यों आई? तू कौन-सी दूध की धुली थी। यदू को तो बहाने लगा-लगाके मारती···जस्सो दी को भी···मैं तो नई हूँ···मेरी क्या औकात जो कुछ कहती। पर जस्सो दी पर भी गुस्सा आता···कोई और नहीं मिला था?"

यानी पहले जब बुली ने दोनों को मार पड़ते देखा था तो इसी कारण? बुली को शर्म आने लगी। जस्सो मासी का प्रेम···या जो कुछ भी रहा हो, वह बुली की शर्मिंदगी का कारण नहीं हो सकता। फिर बुली को क्यों शर्मिंदगी हो रही है, जैसे उसके किसी अपने ने कुछ गलत किया हो।···बुली अपनी शर्मिंदगी पर प्रश्नचिह्न लगाने ही वाली थी कि रानी फिर बोली।

"यह पाँचवाँ एबॉर्शन था। उफ···वह भी एक नर्स के हाथों।"

बुली अब समझ रही है नानी क्यों ऐसे गिरी पड़ी है। दुःख से अधिक अपराधबोध की पीड़ा है।

रानी की फुसफुसाहट ने फिर खामोशी तोड़ी।

"दीदी, सुना है, इनका पहला बच्चा जिंदा है। आपको पता है, कहाँ है? इनको भी नहीं मालूम। शायद जन्मते ही माँ जी ने किसी की गोद में दे दिया था। जैसे खुद यदू को लाई थीं। इन्होंने बताया कि जस्सो दी को उसका पता मालूम था।" बुली फिर चौंकी। उसकी आँखें पूरी की पूरी खुल गईं। यूँ कहो कि पूरा शरीर ही आँख और कान में बदल गए।

"पहला बच्चा जिंदा है···कहाँ है?" रानी से भी ज्यादा आतुर हो उठी बुली।

माँ की आँखें उठीं, एक नज़र बुली को देखा, फिर झुक गईं। धीरे से कहा, "मुझे नहीं मालूम।"

पर अब बुली को मालूम है। उसे सब पता है, अपने भीतर होने वाली हलचल और ऐंठते कलेजे का राज वह जानती है। अपने दुःख को पहचान रही है। रफ्ता-रफ्ता कलेजे में जमी बर्फ आँखों से पिघल रही है। पर इस बार आँसू से भीगते अपने चेहरे से वह अनजान नहीं है। धीरे-धीरे उसके पैर घर से बाहर की ओर मुड़ते हैं। वह यदू दा को ढूँढ़ने जा रही है। वह जरूर यहीं कहीं होगा। यहीं आसपास। मन ही मन उसे भी तो उसका इंतजार होगा।

('कथादेश')

कहाँ गया बसंत

उसकी आँखें खुलीं तो कमरे में अँधेरा था, बस रोशनी का एक छोटा-सा वृत्त, जो दरवाजे के किसी सूराख से होकर आ रहा था, कमरे के बीचोबीच कुछ इस तरह से हिलता नजर आ रहा था मानो काली आत्माएँ रोशनी के छद्म वेश में उसे पकड़ने के लिए फिर नए जाल बुन रही हैं। वे फिर उसे पकड़ लेंगी। वह चीखेगी-चिल्लाएगी, हाथ-पाँव मारेगी और देह पर ढेर सारे घाव के साथ वह पीड़ा और डर से बेहोश हो जाएगी। फिर पता नहीं क्या-क्या करेंगी काली आत्माएँ उसकी देह के साथ? उसे शायद अर्द्धबेहोशी में विकृत अट्टहास सुनाई पड़े···या देह पर चीरे लगें···और···और डर और पीड़ा से होश में आते-आते वह फिर बेहोश हो जाए।

डर उसकी आँखों से उतरकर उसकी रूह को थरथराने लगा। उसने इधर-उधर देखा, कहीं कुछ नहीं था। सिर्फ काला अँधेरा···और सामने रोशनी का वह वृत्त अभी भी वहीं और वैसे ही चमक रहा था। उसके भय का आनंद लेता हुआ। उसे कुछ नहीं सूझा तो बिछावन की चादर खींचकर उठाई और वृत्त पर फेंक दिया। जैसे चादर रोशनी के वृत्त को ढक लेगी। पर चादर लाल और काले छापे वाली थी। रोशनी का वृत्त उस पर और मुखर हो उठा। उसमें रंग भर गए। लाल और काले, दहशत के रंग, वह बुरी तरह डर गई। उसके होंठ फड़क रहे थे। आँखों से विवशता के आँसू जार-जार बह रहे थे। उसने हथेलियों से अपनी आँखें ढक लीं। उँगलियों के पोरों से झाँककर देखा, रोशनी का वृत्त अब भी था। वैसे ही उसे दहशतजदा करता हुआ। उस पर ठहाके लगाता हुआ। उसने अपने भीतर की सारी शक्ति समेटी और सोचा, भाग खड़ी होगी, लेकिन कमरे के बीचोबीच वह वृत्त था। उसकी समझ काम नहीं कर रही थी। उसके पैर भी नाकारे-से हो रहे थे। उसे लगा कि वे हाथियों के पैर की तरह भारी हो गए हैं। उठाए नहीं उठते। उसने चिल्लाना चाहा। मम्मी को पुकारना चाहा—पुकारा भी···पता नहीं, किसी ने सुना क्यों नहीं? कोई आया क्यों नहीं? शायद उसकी स्वयं की आवाज भी उसके गले में अटक गई है। सामने रोशनी का वृत्त वैसे ही लाल-काले रंगों में निखरकर उसे

भयभीत कर रहा था। उसके पैर धीरे-धीरे पीछे खिसकने लगे। दीवार की ओर, बिलकुल कोने में उसने दोनों पैर समेटे, चोर नजरों से रोशनी के वृत्त को देखा और झटके से घुटनों में चेहरा छुपाकर बैठ गई।

मम्मी जब कमरे में आईं, वह रोती बैठी थी कोने में, घुटनों में चेहरा छुपाए, मम्मी के पुकारने पर भी उसने चेहरा नहीं उठाया। मम्मी पास आईं, ठुड्डी से पकड़कर चेहरा ऊपर किया। गालों पर विवशता में बहे आँसू के सूखे दाग थे। आँखें शून्य में खोई थीं। वह बेहोश नहीं थी, पर होश में भी नहीं थी।

मम्मी जार-जार रोती हैं। पापा के कंधे पर सिर रखकर रोती हैं। अब क्या होगा? पापा खिड़की के पार क्षितिज में देखते हैं, सोचते हैं—अब क्या होगा?

एक-एक दिन कट रहे हैं—घंटे—मिनट और सेकेंड में, चींटियों की तरह। नहाना-खाना भी वे एक-दूसरे को याद दिला रहे हैं। मम्मी बिट्टो को अकेला नहीं छोड़तीं। लेकिन कभी-कभी छोड़ना पड़ता है, और बिट्टो ऐसे ही डर जाती है। ऐसे ही कभी रोशनी से—कभी अँधेरे से—कभी किसी आहट पर।

पापा ने दफ्तर से छुट्टियाँ ले ली हैं। दिन-रात बिट्टो के सिरहाने बैठे रहते हैं। सोचते रहते हैं, नसीब पर बलात् लिख दिए गए दुर्भाग्य को किस तरह से मिटा डालें। कहाँ चले जाएँ अपनी बच्ची को लेकर, जहाँ उलटे-सीधे प्रश्नों का सामना न उन्हें करना पड़े, न उनकी बच्ची को।

मम्मी ने कहा, "दौड़-भागकर बदली करवा लीजिए। तब तक यहीं रहेंगे। हुआ क्या है आखिर? क्यों हौआ खड़ा किया है आप लोगों ने…?"

मम्मी धीरे-धीरे बोलना शुरू करती हैं और अंत तक चीखने लगती हैं। पापा कुछ नहीं बोलते। वे समझते हैं कि मम्मी सहज नहीं हैं। कैसे सहज होंगी वह? पहाड़ टूट पड़ा है उनकी मासूम बिटिया पर। वह तो अभी नादान है। सिर्फ उस अमानुषिक दरिंदगी से खौफ खाई हुई है। उसकी नन्ही-सी आत्मा उस क्रूर आक्रामकता का बोझ नहीं उठा पाई है। उसकी सोच गुम हो गई है। भूत, भविष्य, वर्तमान सबका ज्ञान खोकर मात्र उस वक्त के काँटेदार साँचे में कैद है। लेकिन मम्मी की आँखों के सामने बेटी का वर्तमान और भविष्य दोनों नंगा होकर तांडव कर रहा है; मुँह चिढ़ा रहा है। घंटे-भर की घटना ने बिट्टो के पूरे जीवन को घटना-विहीन करके रख दिया है। उसे एक जिंदा लाश और उसके पूरे जीवन को श्मशान बना दिया है। जहाँ हर पल उसकी डरी हुई आत्मा गीली लकड़ी की चिता की तरह जलती-सुलगती रहेगी।

पर मम्मी सचमुच असहज नहीं। उन्होंने लड़ने की ठान ली है। खींचकर

निकाल लाती हैं बिट्टो को कोने से। बाँहों से पकड़कर उसे झकझोर देती हैं। चिल्लाकर पूछती हैं—"क्या हुआ है तुझे, हाँ? बीमार है तू? क्यों कोने में बैठी है? क्यों मुँह छिपाया है? कोई चोरी नहीं की है तूने…"

बिट्टो बिट्-बिट् मम्मी को देखती है, मम्मी अनवरत बोले जा रही हैं, "फिर क्यों सबको ऐसे परेशान कर रही है?"

बिट्टो अब भी बिट-बिट् मम्मी को देखती है, उसकी साँसें तेज चलने लगी हैं। मम्मी इस तरह चीख क्यों रही हैं? वे चीख नहीं, चिल्ला रही हैं—'बचाओ'—बिट्टो को लगता है, वैसा ही कुछ मम्मी के साथ हो रहा है। वह जोर से दौड़कर मम्मी से लिपट जाती है। मम्मी बेटी को गले से लगाए रोती हैं। पापा अपने कमरे में खामोश बैठे हैं—शायद यही नसीब बन चुका है।

बड़ी मुश्किल से बिट्टो को नींद आई है। सात दिनों से सोई नहीं थी। ट्रेंक्विलाइजर का इंजेक्शन देकर सुलाया गया है उसे। दरवाजे पर दस्तक हो रही है। पापा-मम्मी दोनों डर जाते हैं—कौन है? पड़ोस वाले? सहानुभूति के जहर से दोनों के शरीर काले पड़ गए हैं। रोज कोई न कोई चला आता है। हमदर्दी के नाम पर जहर की सुइयाँ चुभोकर चला जाता है। उन्हें किसी की सहानुभूति नहीं चाहिए। छोड़ दें लोग उन्हें उनके हाल पर अकेला।

दरवाजे पर अब भी दस्तक हो रही है। शोर से बिट्टो की नींद न खुल जाए कहीं, पापा जाकर दरवाजा खोलते हैं। ऑफिसर इंचार्ज हैं। अपराधियों में दो पकड़े गए हैं। शिनाख्त करवानी है। बिट्टो को थाने चलना पड़ेगा। पापा ने उन्हें आश्वस्त किया।

"कई दिनों बाद सोई है, जागेगी तो लेकर आऊँगा।"

मम्मी नहीं चाहतीं कि बिट्टो दोबारा उस हादसे से जुड़ी किसी भी बात का सामना करे। पापा कहते हैं—"वह भूली कहाँ है? वह तो अब भी पल-प्रतिपल उसी हादसे में जी रही है—उन्हें सजा दिलवाना जरूरी है, वरना फिर कोई बिट्टो उनका शिकार बनेगी।"

मम्मी चुप हैं। वह कोई जवाब नहीं देतीं, क्योंकि वह जानती हैं कि जब तक औरत और मर्द के बीच में कपड़ों के फासले हैं, जब तक सत्ता के गलियारे में पुरुष हैं, समाज से यह दरिंदगी नहीं जाएगी। मम्मी कहती नहीं, पर सोचती हैं, हर दो पुरुष के बाद के दस पुरुष अपनी निगाहों से स्त्रियों के कपड़े उतारते हैं। बसों की भीड़ में स्त्री-देह का हलका-सा स्पर्श भी उन्हें रति-सुख देता है। कल्पना में वे हर स्त्री का मान-मर्दन कर गुजरते हैं।

मम्मी बदलने लगी हैं। मम्मी से औरत बनने लगी हैं। वह बिट्टो में अपनी जाति का कुचला शैशव देखने लगी हैं। बिट्टो के घाव उनकी अपनी छाती में दुखने लगे हैं। मम्मी खुद को सँभालती हैं। वह बिट्टो के लिए सोचती हैं। वह बिट्टो को इस घाव के साथ नहीं जीने देंगी। वह बिट्टो के घाव पर मरहम रखेंगी। ऐसे भर देंगी उसका घाव कि उसके दाग भी बाकी नहीं रहेंगे। मम्मी के मुरझाए चेहरे पर गालों के ऊपर उठे हुए दोनों कल्ले दृढ़ता से भिंच जाते हैं।

वह स्वयं लेकर गईं बिट्टो को थाने। अपराधियों के डरे हुए चेहरे दिखाए। उनके चेहरे पर सजा के खौफ को अँगुलियों से दिखाया, पर बिट्टो कुछ नहीं देख पाई। उन डरे हुओं को देखकर भी डर गई। वह डरकर चीखने लगी। मम्मी की छाती में मुँह छिपा लिया और जब उसकी पकड़ ढीली हुई तब मम्मी ने जाना, बिट्टो बेहोश हो गई है।

फिर बेहोशियों का सिलसिला शुरू हो गया। डॉक्टर ने इंजेक्शन देकर सुला दिया है। मम्मी दीवार से उठंगकर बैठी हैं। बेटी की विवशता दर्द की तेज लहर बनकर सीने में खौल रही है और आँखों से अपनी विवशता आँसू बनकर बह रही है। पापा मम्मी के आँसू पोंछते हैं।

"तुम आँसू बहाने लगोगी तो…"

"हाँ, मैं आँसू बहाऊँगी तो–" मम्मी होंठ दाँतों से दबाकर आँखों से आँसू पोंछ लेती हैं। सामने बिट्टो सोई है। मुरझाई-सी नन्ही हरी बेल। मम्मी धीरे से बिट्टो को छूती हैं। इसकी हरीतिमा लौटानी है। इसे मिट्टी के उन दूसरे सनातनी कीड़ों से बचाना है, जो अब इसके लिए कैंसर की कोशिकाओं से भी ज्यादा खतरनाक हैं और इस तरह बचाकर परवान चढ़ाना है कि समय आने पर उसमें भी फूल-फल लगें। वह भी किसी भरे-पूरे बगीचे की शोभा बने। कठिन तो है, पर यह इतना दुःसाध्य भी नहीं, जितना सबने बना दिया है।

अपराधियों को सजा हो गई। पर बिट्टो वैसी ही है। उसे न स्कूल की याद है, न कोचिंग की। सहेलियों की भी याद नहीं। अमृता आई थीं उससे मिलने। बिट्टो घुटनों में सिर दिए बैठी रही। उसकी आँखों में न परिचय था, न अपरिचय। इतनी सूनी आँखें कि अमृता उसे झेल नहीं सकी। "आंटी, यह कैसे अच्छी होगी?"

अमृता ने पूछा और रोने लगी। मम्मी ने उसके माथे पर हाथ रखा। दस दिन पहले तक बिट्टो ऐसे ही हँसती-रोती थी। अब कुछ नहीं करती।

यही सवाल तो मम्मी भी डॉक्टर से करती हैं। ठीक हो जाएगी, पर कब? मम्मी ने धैर्य का दामन पकड़ा हुआ है अभी तक। पर…। और बिट्टो? काश, वह

बता पाती··· । कि हर पल वह उन्हीं काले भयंकर सायों से घिरी रहती है, जो आकर बारी-बारी से नुकीले चाकू उसके शरीर में उतारकर उसकी साँसों को खंडित कर देते हैं, अपनी दुर्गंधयुक्त तेज साँसों के दबाव से उसकी स्वरनली को अवरुद्ध कर देते हैं। अपने दाँतों और पंजों से उसकी आत्मा को नोच-नोच डालते हैं। ठहाके लगाते हैं। भयंकर ठहाके। उन ठहाकों के अलावा उसे कुछ सुनाई नहीं पड़ता है। उनके डर से ही तो वह अपने घुटने समेटे, हाथों की कैंची-सी छातियों को ढके, होंठ भींचे बैठी रहती है।

मम्मी को उसे सहज करने की कोई राह नहीं सूझती, न ही वह इस बात को स्वीकार करना चाहती हैं कि बिट्टो के जीवन से खुशियों की विदाई हो चुकी है।

वह चाहती हैं कि बिट्टो कम से कम सहज हो जाए। न भी भूल पाए इस जख्म को तो भी एक स्वस्थ जिंदगी जीने की कोशिश करे। जिंदगी की कीमत इस देह की पाकीजगी से कहीं अधिक है, और फिर कहाँ हुई है उसकी रूह नापाक? लेकिन मम्मी की सोच यहीं पर ठहर जाती है कि ऐसा सिर्फ वह सोचती हैं, क्योंकि वह उनकी बेटी है। क्या उसकी जिंदगी में आने वाले सभी ऐसा सोच सकेंगे? न भी सोचें, क्या बिट्टो को एक सहज जिंदगी जीने के लिए लोगों की बैसाखी की इतनी जरूरत पड़ेगी? मम्मी की सोच फिर ठिठकती है। हाँ, हर पल तो जीवन में दूसरों की बैसाखी चाहिए होती है स्त्रियों को। इससे कैसे इनकार करें वह? पर नहीं, मम्मी बिट्टो को बिना बैसाखी चलना सिखाएँगी, बल्कि वह दूसरों की बैसाखी बनेंगी। पर··· पर··· अभी तो··· ।

मम्मी ने साइक्रेट्रिक को कंसल्ट किया। वे दिन-रात सोचती रहती हैं, लेकिन बेटी का दुःख नहीं सोचतीं। वे सोचती हैं उसे फिर से जीवन की मुख्य धारा में ले जाने की तजवीज। माँ की सोचों ने पापा को बदल दिया है। वे दफ्तर जाने लगे हैं। लोगों के सहानुभूति-भरे मुखर प्रश्न अब विकार-भरी दृष्टि बन चुकी है। जैसे कहती हो··· ।

'बेटी पालना सभी के वश की बात नहीं।'—पापा ने इन दोनों तरह की दृष्टियों की उपेक्षा करना सीख लिया है। वैसे भी वे ट्रांसफर की कोशिश में लगे हैं। संभवतः अगले महीने तक आदेश भी पारित हो जाए।

मम्मी-पापा दोनों ने उसकी चुप्पी को नजरअंदाज करना शुरू कर दिया है। वे उससे अतिरिक्त ममता नहीं दिखाते। मम्मी उसकी चुप्पी को नकारकर उससे बतियाती रहती हैं। तरह-तरह से बताती हैं कि उसके साथ मात्र एक दुर्घटना हुई है, जो एक गहरे जख्म की तरह है और उसे समय के साथ भर जाना चाहिए।

सदमे से आक्रांत होने की मियाद होती है। उसके बाद इस जीवन को फिर से अपनी रफ्तार पकड़नी चाहिए। जीवन इन सारी दुर्घटनाओं के दुःख से ज्यादा कीमती है। वह यूँ बतियातीं—

"पिछली बार रामजी भाई को सड़क के कोने पर अँधेरे में कुछ गुंडों ने इतना मारा कि दस दिन बेहोश रहे। कुछ कोमल अंगों पर भी चोट आई। साथ का सामान लूटा सो अलग। पर अब स्वस्थ हैं। दफ्तर भी जाते हैं..."

बिट्टो माँ की बात सुनते-सुनते बीच में उठ जाती है। कमरे में जाकर अपने कपड़े हटाकर अपने जख्मों के निशान ढूँढ़ती है।

मम्मी बिट्टो का ऐसा करना चुपचाप देखती हैं और गहरी साँस लेती हैं। बिट्टो की चेतना अब भी नहीं लौटी है। लेकिन उसे जख्म मिले हैं, इसका उसे ज्ञान है। मम्मी ने हार नहीं मानी है। उनके प्रयास जारी हैं।

पापा के ट्रांसफर का ऑर्डर आ गया है। मम्मी ने राहत की साँस ली है। सुदूर दक्षिण में बिट्टो को इस घटना की कोई याद दिलाने वाला न होगा। वह धीरे-धीरे सब भूलकर एक नए जीवन की शुरुआत करेगी।

सामान पैक होने लगा। काम वाली बाई ने सहायता के लिए अपनी बेटी को भेज दिया है। इस लड़की को बिट्टो ने ही अक्षर-ज्ञान कराया था। डाँट-डाँटकर पढ़ाती थी इसे। आज बस टुक-टुक देखती है।

ट्रक का खलासी आ गया है। पैकिंग्स की लोडिंग होनी है। इन सारे शोर-शराबों से बेखबर बिट्टो बरामदे में चटाई पर बैठी है। काम वाली बाई की बेटी और मम्मी खलासी और उसके साथ आए मजदूर की सहायता कर रही हैं। पापा कमरे में बचे-खुचे सामानों की पैकिंग कर रहे हैं। मम्मी की तरह पापा ने भी इस ट्रांसफर ऑर्डर से राहत पाई है। मन ही मन सुदूर दक्षिण के प्रांत में जाकर शुरू होने वाली अपनी दिनचर्या की कल्पना कर रहे हैं। बिट्टो भी शायद नए वातावरण में सहज हो पाए।

तभी अचानक जोर-जोर से चीखने की आवाजें आईं। क्या बिट्टो को कुछ हुआ? पापा चौंके, पर नहीं, यह बिट्टो की आवाज नहीं। पापा दौड़कर बाहर आते हैं। मम्मी ने मजदूर की गर्दन पकड़ रखी है। वह इतनी उत्तेजित हैं कि मुख से शब्दों के साथ झाग भी निकल रहा है। वह बोल रही हैं...

"तू...तू इसे भी बिट्टो की तरह...हम सबको नोच खाएगा? मैं तेरा खून पी लूँगी...।"

मजदूर हतप्रभ-सा खड़ा है। उसने अपनी गर्दन छुड़ाने की कोशिश भी नहीं

की है। काम वाली बाई की बेटी धीरे-धीरे होंठों से बुदबुदा रही है—'यह मेरा जीजा है मेमसाहब!'

पापा ने बड़ी मुश्किल से मम्मी के हाथों से मजदूर को छुड़ाया। उसे झिड़कते हुए बोले—"यह क्या हरकत है? वह इसका रिश्तेदार है।"

शायद मजदूर ने मजाक में काम वाली बाई की बेटी के गाल छू दिए थे।

मम्मी पल-भर के लिए सकते में आ गईं। ये क्या हो गया था। ये कैसा दौरा था? वे धीरे से खामोश बैठी बिट्टो के बगल में जाकर बैठ गईं। बिट्टो तो जड़ बनी है, पर बिट्टो का दर्द उनके भीतर उतर गया है। उनकी धमनियों से होता हुआ फैल रहा है पूरी देह में, मन में। मम्मी निःशब्द और संज्ञाशून्य आँखों से जाने कहाँ देख रही हैं। उन्हें लगता है, उनका कायांतरण हो रहा है। वह बदलती जा रही हैं। एक नन्ही बच्ची में। साल दर साल, चार साल—दस साल...पंद्रह साल की बिट्टो में बदलती जा रही हैं मम्मी। बिट्टो के भीतर अक्षहीन गोले की तरह तेज नाचता भय का गोला उनके कलेजे को छेदकर उनके भीतर उतर चुका है और नाच रहा है तेज-तेज।

('कथाक्रम')

चक्रव्यूह

वह मेरा मित्र है। उसका नाम कृष्ण है। 'कुमार कृष्ण' और उसे मुगालता भी है कि वह कृष्ण सदृश तो जरूर है। रंग साँवले से कुछ ज्यादा गहरा, लंबाई दर्शनीय तो नहीं, पर नाटा भी नहीं कहलाएगा या शायद नाटे से जरा-सा ऊँचा, चिकना-चुपड़ा ऐसा कि कभी मसें मानो भीगी ही नहीं। स्त्रैण नहीं दिखता, पर कृष्ण की तरह उनके लालित्य से झाँकते पौरुष की तरह कुछ विशिष्ट भी इसमें दिखाई नहीं पड़ता। जो भी हो, जैसा भी हो, अपने आप को समझता तो कृष्ण ही है।

इस पर तुर्रा यह कि जनाब लेखक हैं और ऐसे-वैसे भी नहीं, काफी प्रतिष्ठित। साहित्यिक और व्यावसायिक दोनों तरह की पत्रिकाएँ उसकी रचनाओं का सहर्ष स्वागत करती हैं। ये और बात है कि साहित्य जगत् की राजनीति ने उसका बहिष्कार कर रखा है। पाठक उसकी रचनाएँ पसंद करते हैं, पर आलोचकों ने कभी उसके पक्ष में नहीं लिखा, साहित्य जगत् का कोई पुरस्कार उसे नहीं मिला। कभी किसी महत्त्वपूर्ण सम्मेलन में उसे बुलाया नहीं गया। वैसे उसका कहना है कि उसने स्वयं पुरस्कारों के लिए अपना नाम प्रस्तावित करने से मना किया हुआ है। वह स्वयं इन सम्मेलनों से भी आजिज है। निमंत्रण ठुकराते-ठुकराते वह तंग हो जाता है। वह अकसर अपने इस संवाद को दुहराता है–'अरे, मैं साहित्य की सेवा स्वार्थ से परे होकर करता हूँ, मैं रूढ़ियों और शोषण दोनों के विरुद्ध हूँ। समाजवादी हूँ मैं, साम्यवाद के ऊँचे सिद्धांतों के तले खाली डब्बे की ठन-ठन और उसकी बसिआई गंध का विरोध करता हूँ। जीवन हमेशा आगे बढ़कर जीने के लिए अपनी नई राह बनाता है और हर आने वाला वही 'नया' सच और सही होता है। ये सम्मान, ये पुरस्कार पैरों में जंजीर डालकर अपने लक्ष्य के लिए सही उद्यम करने से रोक देते हैं।' वह लेखकों के किसी खेमे में नहीं था, इस सबका उसे काफी खमियाजा भुगतना पड़ रहा था, लेकिन अपनी अकड़ में वह अटल था, अपने जीवन के लिए नई राह तलाश करने में मसरूफ।

मेरा सुख या दुःख, सौभाग्य या दुर्भाग्य, जो कहिए, वह मेरा मित्र है। अब तक मेरी उसकी निभ भी रही है। हालाँकि इसका श्रेय मुझसे अधिक मेरी पत्नी को

जाता है। वह हरदम उसके स्वागत को प्रस्तुत रहती है, वह जब भी आता है (वह अकसर आता है), मौसम के अनुसार शीतल या गर्म पेय तुरंत भेजती है। फिर थोड़ी देर बाद नाश्ते की प्लेट सजाए खुद वहाँ उपस्थित होती है और हमारे गपशप का विषय साहित्य और राजनीति से थोड़ा विपथगामी होकर साहित्य और राजनीति में स्त्रियों की स्थिति पर आ टिकता है। पत्नी बातचीत में उत्साह से हिस्सा लेती है। कृष्ण भी उन्हें उतनी ही निष्ठा और तत्परता से जवाब देता है। धीरे-धीरे मैं वहाँ पर अवांछित की भाँति किनारे पड़ जाता हूँ। चुपचाप नीची निगाहों से देखता हूँ, पत्नी का आँचल थोड़ा खिसक गया है और मित्र महोदय तो ठहरे कृष्ण। हर गोपिका के लिए हर क्षण रसिक। अपनी स्नेहिल दृष्टि में मद भरकर मेरी पत्नी को कृतार्थ करते हुए बीच-बीच में मुझ पर भी दृष्टि की अनुकंपा फेर लेते और मैं दीन-हीन, रूपहीन दफ्तर का किरानी होकर कवि-हृदय रखने वाला व्यक्ति इतने महान् व्यक्ति की मित्रतापूर्ण दृष्टि से गद्‌गद हो जाता।

मैं भूल जाता पत्नी का पत्नी होना, पर-पुरुष से इतनी आसक्ति से बातें करना, आखिर वह कृष्ण का व्यक्तित्वधारी युगपुरुष सदृश लेखक है। समाज को नया रूप, जीवन को एक नया अर्थ देने वाला एक महान् हस्ती है। मैं अकिंचन उसका मित्र कहाने लायक भी तो नहीं। मुझे मित्र कहकर, समय-कुसमय मेरे घर पधारकर मुझे कृतार्थ करता रहता है। कुल मिलाकर उसकी मित्रता से मैं उपकृत हूँ, कृतज्ञ हूँ, अभिभूत हूँ।

हमारे पड़ोस में रहती है गायत्री दास। बंगाली है, पर हिंदी पर ऐसा अधिकार, मानो हिंदी की सगी पुत्री हो। पिता का दिया, पति का कमाया प्रचुर धन उसके पास है। ऐश करती है। पर लिखने का शौक है। लिखती भी है। एक-दो संकलन भी प्रकाशित हो चुके हैं, इसलिए इनका ऐश, इनकी मस्ती साहित्य की परकाया में प्रवेश करके हुआ करती हैं।

अकसर इनके घर बड़ी-बड़ी पार्टियाँ होतीं, जिसमें साहित्य जगत् के जाने-माने लेखकों, प्रकाशकों और आलोचकों की भीड़ होती। गायत्री के पति खुद पीने-पिलाने के शौकीन थे। लोगों के लिए यह भी एक आकर्षण था। इसलिए परोक्ष में इन पार्टियों को बोगस कहते हुए भी सभी किसी तरह थोड़ी देर के लिए वहाँ हो आते थे। बहाना होता—'अरे, इतने आदर से बुलाती है।'

कृष्ण का गायत्री से परिचय तो था, पर घनिष्ठता नहीं हो पाई थी। गायत्री ने कोशिश तो की थी, एक-दो बार अपनी पार्टियों में निमंत्रित भी किया था, पर घनिष्ठता नहीं होने से निमंत्रण भी औपचारिक होता और यह औपचारिकता कृष्ण

की अकड़ को ठेस पहुँचाती थी। इसलिए गया नहीं, गायत्री का नाम सुनते ही कहता–

'क्या भाभी, किसकी चर्चा कर दी! अरे, ये लोग साहित्य जगत् के ही नहीं, समाज के भी घुन हैं। इनके घरों में ढाली जाती स्कॉच और शैंपेन गरीबों का खून है। अरे, मैं क्या नहीं जानता कि कैसे इसके दोनों संकलन प्रकाशित हुए? और कैसे समीक्षकों ने प्रशंसा में पन्ने रँग दिए।' और आजिजी से उठ खड़ा होता। कुर्सी ठेलकर बाहर निकल आता। हाथ पीछे बाँध सोच की मुद्रा में टहलने लगता। फिर रुककर पल-भर पत्नी को देखता और हिकारत से कहता–'देखना भाभी, अब इस दूसरे संकलन पर वह पुरस्कार भी बटोर लेगी।'

गायत्री मेरी पत्नी की दोस्त थी। दरअसल अपने महत्त्वपूर्ण होने का संतोष उसे मेरी पत्नी जैसी स्त्रियों के पास ही मिलता था और एक लेखिका की दोस्त कहाना मेरी पत्नी के गुरूर को भी सहलाता। कृष्ण का बार-बार गायत्री की आलोचना करना मेरी पत्नी को भाता नहीं था। अतः उनमें घनिष्ठता हो जाए और कृष्ण आगे से उसकी आलोचना नहीं करे, इसलिए पत्नी ने उन दोनों को अपने घर पर बार-बार मिलने का अवसर दिया और अपने अरमानों की कब्र खोद ली।

दोनों ही मौके की तलाश में थे कि परिचय कैसे प्रगाढ़ हो। अवसर मिला और उसे चट से पकड़ लिया।

पत्नी कई दिनों से उदास थी। होंठों ही होंठों में बार-बार गाने की एक ही पंक्ति दुहरा रही थी–'आन मिलो आन मिलो आन साँवरे।'

मैंने पूछा, 'क्या बात है? इतनी खोई-खोई क्यों हो?' टाल गई श्रीमती जी। मुझे भी दुःख हुआ। बेचारी! शाम होते ही मेरे दफ्तर से आ जाने के बाद भी उसकी निगाहें दरवाजे की ओर उठ जातीं। नाश्ते में अधभुना चूड़ा देखकर मैं भन्नाता–'ये क्या बना लाई हो?' तुरंत जवाब मिलता–'रोज-रोज गेस्ट लेकर आते हो या तुम्हारे गेस्ट नाश्ते के समय पहुँच जाते हैं। बजट पूरा बिगड़ जाता है। आखिर एडजस्ट तो हमें ही करना होगा।' समझ नहीं सका, बजट से चूड़े के पूरे भुने होने में क्या फर्क पड़ जाना था। पर ये समझ गया–'बढ़िया नाश्ता करना है प्यारे तो कृष्ण को लेकर आ, वरना मिलेंगे बेमन से भुने चूड़े।' आखिर पत्नी से रहा नहीं गया। दूसरे दिन दफ्तर जाते समय बोली–'आजकल कृष्ण जी स्कूटर पर लिफ्ट नहीं लेते?'

मैं भी विक्षुब्ध था। कृष्ण जी की मौकापरस्ती ने मुझे भी आहत किया हुआ था। चिढ़कर बोला–'आजकल उन्हें मटीज में लिफ्ट मिल रही है तो इस पुराने

स्कूटर की क्या बात?' और पत्नी को देखे बिना स्कूटर स्टार्ट करके चल दिया। कल्पना में पत्नी का दुखी चेहरा मुझे भी दुखी करता रहा।

कृष्ण भी भला क्या करते! अब कोई आदरणीय महिला उन्हें सादर निमंत्रित कर रही थी तो वे कैसे इनकार करते? भले ही इस तरह पैसे वालों का धन-प्रदर्शन उन्हें नहीं सुहाता, पर शिष्टाचार भी आखिर कोई चीज होती है। शिष्टाचारवश ही एक दिन उन्हें गायत्री जी की पार्टी भी अटेंड करनी पड़ी। कृष्ण जी तो बस सिर्फ शराब पीते रहे, लेकिन गायत्री जी भी खूब हैं, वहाँ पार्टी में उपस्थित सारे लोगों पर ध्यान रखते हुए भी वे कृष्ण जी के आसपास ही मँडराती रहीं। अखिलेश जी से उनकी इतनी प्रशंसा करने लगीं कि कृष्ण जी तो शरमा ही गए—'अरे, इस तरह कहीं तारीफ की जाती है?' गायत्री ने कहा—'अखिलेश जी राष्ट्रीय साहित्य समिति के भी सदस्य हैं, उनसे कहकर वह इस वर्ष के पुरस्कार के लिए कृष्ण जी का भी नाम प्रस्तावित करवाएँगी।'

'अरे, प्रस्तावित तो कई वर्षों से हो रहा है, पर पुरस्कार ले जाता है कोई अन्य।' कृष्ण जी धीरे से हँसकर रह गए, पर गायत्री बोलती ही रही—'आप यूँ हँसिए नहीं कृष्ण जी, इस पुरस्कार पर समझिए आप ही का नाम लिखा है।'

कृष्ण फिर धीरे से मुस्करा दिए, आखिर ठहरे कृष्ण, मुस्कराकर ही तो जादू सिरजेंगे। गायत्री जी इस धीमी गरिमा से भरी मुस्कराहट पर सौ जान से न्योछावर हो गईं। गायत्री जी की मटीज पर घर लौटते हुए जादूगर कृष्ण मन ही मन गायत्री-महिमा का गुणगान कर रहे थे।

क्या बेमिसाल महिला है। भले ही उतरे छिलके वाले शलजम जैसी उसकी रंगत कृष्ण की आँखों को कोई सेंक नहीं देती। उसके भीतर का रसिक साहित्यकार उसके सान्निध्य में जरा भी तुष्ट नहीं होता, फिर भी गायत्री तो गायत्री है। अनूठी-सी। साहित्य और राजनीति का कोई क्षेत्र ऐसा नहीं जहाँ उसकी पहुँच न हो। अपने लक्ष्य को पाने के हर सीधे-टेढ़े रास्ते वह जानती है। उसके द्वारा बहुत कुछ हासिल करेगा कृष्ण।...और उसकी पार्टियाँ...आ-हा-हा! सचमुच के कृष्ण होते तो वे भी इसकी पार्टियाँ अटेंड करके तर जाते। ईश्वर का धरती पर अवतार सार्थक हो जाता। तरह-तरह के मांसाहारी पकवान, जाने कई तरह के कबाब, कृष्ण ने तो कभी चखा भी नहीं था। खाकर 'गदहजनम' मिटा ली। बिल्लौरी गिलासों में रंगीन पानी यानी शराब की शान ही निराली होती है। अब तक फिल्मों में देखा था। ऐसा नहीं कि ये पीते नहीं। अरे, जब-तब परेशानी की हालत में अपनी भाभी ही बोतल लाकर रख देती हैं, पर वे लोग भी तो आखिर इन जैसे ही

हैं। शीशे के साधारण गिलासों में पीने से नशा भी वैसा नहीं आता। गायत्री जी की पार्टियों में तो कोने का छोटा-सा बार···मेज पर कटवर्क के क्रिस्टल बाउल में चौकोर बर्फ के टुकड़े उसके घर के झूमरों की रोशनी में यूँ चमकते, मानो सपने में किसी प्राचीन शीशमहल में आ गए हों। कृष्ण को तो पल-भर के लिए लगा मानो उस महल के आधीश वह स्वयं हैं, महल की सुंदरियों के बीच उनके आकर्षण का केंद्र बने हुए···और पहली ही घूँट में नशा छा गया।

इधर इनकी छिहत्तर मॉडल की सेकेंड हैंड लंब्रेटा फिर से गैराज में है। सच पूछो तो पिता की उस घिसी हुई गाड़ी को खींचना कृष्ण को बिलकुल नहीं भाता, पर करें तो क्या करें? दफ्तर से घर की दूरी बहुत अधिक है। पर विवशता अगर कृष्ण को पराजित कर दे तो वह कृष्ण कैसे कहलाएँगे? अपने नाम को चरितार्थ करते हुए इनके पास अपनी हर विवशता का इलाज था, सो आजकल इनकी छिहत्तर मॉडल की लंब्रेटा अकसर गैराज में होती है और ये कभी इसके, कभी उसके स्कूटर पर लिफ्ट लेकर ज्यादा सुविधापूर्वक अपना काम चला लेते हैं और आजकल तो इनका विशेष अनुग्रह गायत्री जी पर है। उनकी मटीज में बैठकर विदेशी परफ्यूम (वह नाम नहीं जानते) की गंध नथुनों में बसाते दफ्तर पहुँचते हैं।

गायत्री उन्हें दफ्तर ड्रॉप करती हुई अपने कॉलेज चली जाती है। वह कॉलेज में डेलीवेजेज पर बंगाली लड़कियों को पचास नंबर का बंगला पढ़ाती है। आजकल वे भी खुश हैं। कॉलेज जाते हुए वे बोर नहीं होतीं। एक प्रशंसनीय साथ मिल जाता है। स्मरण मात्र से उनके रंग उड़े सफेद चेहरे पर लाली की छाँव पड़ जाती है। होंठ सिकोड़कर थोड़ा-सा हँसती हैं, धीरे से बोलती हैं–'भाले लोक' (अच्छा आदमी) 'और थोड़ा-थोड़ा दुष्ट भी।' कृष्ण के द्वारा की गई प्रशंसाएँ कभी बनावटी नहीं लगतीं। 'मि० दास तो जवानी के दिनों में भी इतनी सुंदर प्रशंसा नहीं करते थे।' 'पुअर ओल्डमैन'। आजकल तो कृष्ण की प्रशंसा का जादू उनके चेहरे को इतना निखार देता है कि साथ की प्राध्यापिकाएँ रोज पूछने लगी हैं–'क्यों गायत्री, क्या बात है। बड़ी निखरी-निखरी लगती हो?'

ये तो ये, कहानी की इतनी अच्छी आलोचना करते हैं कि कहानी का अंत ही नया निकल आए। इस बार समिति में पुरस्कार के लिए उनका मनोनयन जरूर होना चाहिए।

लेकिन समय का कोई क्या करे? यह क्या कभी सीधी चाल चलता है! फिर दुलत्ती मार गया। आखिर दोनों थे तो एक ही बिरादरी के। एक-दूसरे को दाना तो चुगा ही रहे थे। पर बड़े दाने पर ठन गई और गायत्री बाजी मार ले गई।

गायत्री ने अपना कहा किया, उसने अपनी पहुँच के द्वारा पुरस्कार के लिए कृष्ण जी का नाम प्रस्तावित करवा दिया। अखिलेश जी गायत्री जी के थोड़े-से अनुग्रह से तृप्त नहीं थे, वे उनका और अधिक अनुग्रह पाना चाहते थे। उन्होंने अन्य वरिष्ठ सदस्यों को प्रभावित करके कृष्ण जी के साथ गायत्री जी का भी नाम प्रस्तावित करवा दिया। अब तो यह गायत्री जी के लिए प्रतिष्ठा की बात हो गई। गायत्री जी को एक साथ कई बाण चलाने पड़े। कितनों को परोक्ष रूप से घायल किया। प्रकट रूप में मरहम-पट्टी की। सारे हथकंडे लगा दिए। साम-दाम-दंड-भेद। कृष्ण जी का उत्कृष्ट साहित्य धरा रह गया। गायत्री जी पुरस्कार ले उड़ीं। उस शाम कृष्ण जी बहुत दिनों बाद मेरे घर पधारे। मैंने पत्नी को चोर नजरों से देखा। हाय-हाय! न खुश होती राधा कृष्ण के दोबारा ब्रज लौटने पर जितनी खुश मेरी पत्नी ललिता उस दिन हुई।

उसकी चाल लचकने लगी। चौके से खुशबू आने लगी। लेकिन कृष्ण जी हमेशा के विपरीत उस दिन उदास थे। उन्होंने अपनी कौए जैसी तीखी नाक सिकोड़कर साँस नहीं ली। और तत्क्षण यह नहीं कहा–'आहा, कुछ बढ़िया पक रहा है, बहुत ही सोंधी खुशबू आ रही है। भाभी, थारी रसोई दा जवाब नहीं।'

बस, सिर लटकाए बैठे रहे। मैंने ही पूछा–'क्या बात है–उदास दिख रहे हो?' कुछ देर छत को घूरते रहे, फिर पल-भर मुझे सीधी नजरों से देखा। मानो तौल रहे हों कि कहना चाहिए या नहीं। फिर फट पड़े–'अरे, कुछ नहीं, ये गायत्री साली बहुत पहुँची हुई चीज है।'

'अरे-अरे कृष्ण जी, इस तरह गालियों के साथ उनके नाम का प्रयोग कर अपनी जीभ का जायका मत बिगाड़िए।'

लेकिन कृष्ण जी बड़े दुखी थे। दुःख ने उन्हें विगलित कर दिया था। जिह्वा वाचाल हो चली थी। वे उसे स्वयं भी नियंत्रित न कर अपने दुःख और अपनी दी हुई गालियों, दोनों का स्वाद लेना चाह रहे थे। इसके लिए मैं सबसे उपयुक्त पात्र था। सब कुछ सुनकर पचा जाने में माहिर। पत्नी के आने के पहले तक वे अपने दुःख की गंगा बहाकर उससे मुक्त हो जाना चाह रहे थे।

'एवमस्तु' मैंने वैसा हो जाने दिया। लेकिन कृष्ण सचमुच दुखी थे। पत्नी के आने पर भी उनका दुःख कम न हुआ। उनकी नजरें उड़-उड़कर पत्नी पर गिरतीं जरूर, पर टिकती नहीं। वे कभी सीलिंग, कभी फर्श को घूरने लगते। गहरी साँसें बीच-बीच में उनके गहरे दुःख का ज्ञापन करती रहीं।

अचानक उन्होंने मेरे कंधे पर हाथ मारकर कहा–'यार, यह दरिद्रता सात

पर्दे में छुपाए नहीं छुपती, हमेशा आगे बढ़ते-बढ़ते पीछे से लँगड़ी मार देती है। और उठकर खड़े हो गए, यानी चलने को तत्पर हुए। पत्नी उनके शब्दों से टपकते दुःख से बेहाल हो गई। उसने उन्हें जरा-सा बैठने को कहकर मुझे झट से कुछ इशारा किया। मैं भी चौंका—'कृष्ण, तुम्हारी महिमा अपरंपार है।' पत्नी ने महीनों पहले छुपाकर रखी गई रम की बोतल निकालकर मुझे दी, जो आर्मी वाले मेरे साले साहब ने पिछली होली पर मुझे तोहफे में दी थी। मैं पी न सकूँ, इसलिए पत्नी ने उसे छुपाकर रख दिया था। रम की बोतल देखकर कृष्ण खुश हो गए—'हाँ, आज तो भैया, बस मुझे इसी की ज़रूरत थी।' और वे दोबारा बैठ गए। उनके मुख पर खुशी की क्षीण रेखा देखकर पत्नी निश्चिंत हुई। हमें पीने के लिए छोड़कर गरिमामयी पत्नी की तरह रसोई में चली गई। देर रात गए कृष्ण घर को चले। मैंने कहा—'मैं छोड़ आता हूँ तुम्हें।' तो उन्होंने हाथ उठाकर मना कर दिया और झूमते हुए मगन चाल से चल दिए।

घर यहाँ से ज्यादा नहीं, थोड़ी दूर पर तो है। पर कृष्ण को लगा, बिलकुल पास है। वे पैर बढ़ाएँगे और घर आ जाएगा। 'घर' जैसा भी हो, महल हो या झोंपड़ी, सुकून की साँस तो अपने घर की खटिया पर ही मिलती है। लेकिन कृष्ण तुरंत घर नहीं पहुँचना चाहते। बाहर की खुली हवा उन्हें अच्छी लग रही है, हवा से उनके बालों की एक घुँघराली-सी लट ललाट पर लटक आई है। कृष्ण को लग रहा है कि अभी वे किसी पुरानी फिल्म के गरीब हीरो की भाँति बेतकल्लुफ और लापरवाह युवक दिख रहे होंगे। उन्हें अच्छा लगा, पर वे तुरंत उदास हो गए।

'क्या फायदा…सब मिट्टी हो रहा है।' वे पास ही सड़क के किनारे एक पुलिया पर बैठ गए।

'इतनी जल्दी घर जाकर भी क्या होगा'…कौन-सा सुकून उन्हें वहाँ मिलने वाला है। घर पहुँचते ही, खाँसते-खखारते हँफनी के मरीज बाबूजी बाहर की बैठक में, जहाँ दो काठ की कुर्सी और एक मेज लगी है, और एक चौकी पर थोड़ा साफ-सा बिछावन; वहीं बैठे होंगे। उन्हें नींद नहीं आती। इसलिए कभी बैठते हैं, कभी पेट के बल उकड़ूँ होकर तकिए में सिर गड़ाकर औंधे हो जाते हैं।

ड्राइंगरूम से अंदर जाने वाले दरवाजे पर इनका इंतजार करती बैठी होगी रंग उड़े छापों वाली साड़ी में माँ। इन्हें खिला-पिलाकर चौका देगी, तब रसोई में लगाएगी अपना बिछावन। उसी इंतजार की शृंखला से बँधी रसोई के दरवाजे पर सिर झुकाए खड़ी होगी बहन, जैसे अपने होने का सबसे बड़ा अपराध उसी ने किया हो। बरामदे पर अपनी चटाई डालकर पढ़ रहा होगा भाई। उसे आई०ए०सी०

अच्छे नंबरों से पास करना है। इसलिए कम रोशनी की शिकायत न करता हुआ चालीस वाट के मैले हो गए बल्ब की रोशनी में अपनी किताब पर आँखें गड़ाए कृष्ण के सामर्थ्य का मजाक उड़ाता, अपने को त्याग का पुतला साबित करता बैठा पढ़ रहा होगा। आठ बाई आठ के कमरे में बैठी होगी अपने दो लालों के साथ कृष्ण की सहयोगिनी रुक्मिणी। बंद होंठों में शिकायतों की पोटली समेटे। वैसे वह कोई शिकायत नहीं करती। बढ़-चढ़कर कोई माँग नहीं करती। पर अँधेरे बंद कमरे में कृष्ण जब आदतन उसकी देह पर हाथ रखते हैं तो उसकी आँखों से जैसे अग्नि स्फुलिंग फूटते हैं। कृष्ण जल्दी से अपने मन को समझा लेते हैं, यह सुख की रोशनी है, पर अग्नि स्फुलिंग बिल्ली के तेज नाखूनों की तरह उनकी आँखों और उसके बाद कलेजे पर वार करती है।

कृष्ण ने बचपन में एक कहानी पढ़ी थी। चार मित्र थे, जिन्होंने दुश्मन का सामना करने के लिए एक व्यूह की रचना की थी। ये चारों मित्र थे—कुत्ता, बिल्ली, मुर्गा और गधा। मुर्गा बाहर दरवाजे पर बैठा था, दुश्मन के प्रवेश करते ही चोंच मारेगा। चौखट पर टाँगें भँभोड़ने को कुत्ता, आँगन में लात मारने को गधा और तहखाने में आँखें नोचने को बिल्ली बैठी थी।

कृष्ण को लगता है, उसके घर में भी एक व्यूह रचा हुआ है, जिसे अगर वह पार कर ले तो शायद सुकून की साँस नसीब हो, पर वह व्यूह की वैतरणी को पार करने की हिम्मत शराब पीकर भी सँजो नहीं पा रहा है। यूँ वह इस व्यूह की वैतरणी में रोज तैरता है, नए-नए बहानों के अस्त्र-शस्त्र से लैस होकर। पर आज उसका मन थका हुआ है। जूझने की ऊर्जा शिथिल पड़ी हुई है। यूँ तो अकसर वह काफिले के साथ तन्हा होता है, पर आज तनहाई बेनकाब करने लगी दफ्न सपनों को। रात के विशाल सन्नाटे में पुलिया पर तनहा बैठा अकिंचन-सा कृष्ण, नामधारी लेखक हिसाब लगाने लगा, जीवन की उपलब्धियों का। जोड़-घटाव, गुणा-भाग करने लगा रिश्ते-नाते और संबंधों का। छोटी-सी छह हजार की पगार और ढेर सारी जिम्मेदारियों का। अपने शौक, अपनी लालसाओं का। अभी शायद कोई कहे कि कृष्ण ने पी रखी है। पर ये बताए कोई कि इतने सारे खट्टे अनुभवों के साथ पीने का कोई लाभ भी होता है? नशा ही नहीं चढ़ता, बल्कि अनुभवों की खटास जीभ को भी कसैला कर देती है। अब कृष्ण क्या करे? उसे बार-बार याद आ रही है गायत्री, पीठ पर दोशाला ओढ़े, हाथ में प्रशस्ति-पत्र लिए और उसका पूरा चेहरा उसके शरीर सहित सूखे शलजम में बदलता जा रहा है। कृष्ण को शलजम बिलकुल नहीं भाती। उसकी गंध तो बिलकुल नहीं। वो क्या करे कि इस

स्मृति के साथ मुँह में शराब का स्वाद भी बदलकर शलजम जैसा होता जा रहा है। और वह चाहकर भी उलटी नहीं कर सकता। उसे शलजम का स्वाद झेलना ही है। वह क्या करे? उसे बिल्ली की आँखों वाली दुबली-पतली बीमार-सी पत्नी भी लगातार याद आ रही है। उसके सिर में लगातार दर्द हो रहा है। हो सकता है एनेमिक हो, हो सकता है, माथे में कोई बड़ा-सा ट्यूमर हो। कृष्ण काँप गए, शायद डर से, या शायद ठंडी हवा का सर्दपन कँपा गया हो। रोज देर से घर लौटते हैं कृष्ण। आह, आज भी देर हो गई। आज भी डॉक्टर उठ गया होगा।

कृष्ण क्या करे? शराब बिल्ली की आँखें भुलवाने में कामयाब नहीं हुई, और भी बहुत-सी खट्टी बातों की स्मृतियाँ पंक्तिबद्ध होकर खड़ी हैं। कहाँ भागोगे कृष्ण? पिता की दवाई नहीं खरीदी है। भाई की फीस भरनी है। बहन की शादी करनी है। और ऐसे में जिंदा रखना है लेखक को भी। कृष्ण, तुम्हें ये करना है...आखिर तुम कृष्ण हो।

कृष्ण जोर से हँसते हैं, फिर तुरंत चुप हो जाते हैं। कोई देखेगा तो कहेगा, सचमुच उसे चढ़ गई है। मुँह में फिर भर आता है शलजम का स्वाद। नहीं, कृष्ण उसे उगल नहीं सकते। शलजम पौष्टिक है और सहज उपलब्ध। जूझने के लिए ऊर्जा चाहिए और ऊर्जा के लिए शलजम। 'कल फिर जाऊँगा गायत्री की गाड़ी से दफ्तर, ढेर सारी बधाइयाँ देता हुआ। प्रशंसा करता हुआ। और कोशिश करूँगा कि शाम को रुक्मिणी को डॉक्टर के पास ले जा सकूँ।' कृष्ण उठे और चल पड़े फिर नए अस्त्र-शस्त्र से लैस होकर घर का व्यूह तोड़ने।

(दैनिक समाचार-पत्र 'आज')

नींद से पहले

एक ट्रैक पर चलने वाले रमापति की तंद्रा अचानक टूटी हो, ऐसी बात नहीं थी। बस, जैसे राह नहीं बदलने की जिद थी। चले भी जा रहे थे, पर जिद टूट गई। अपने अकेले अक्षम होते बुढ़ापे के साक्षात्कार ने उनकी जिद तोड़ दी।

···और आज अपनी छोटी-सी बालकनी पर अकेले खड़े शहर में उगती-छितराती भोर को चुपचाप देख रहे हैं रमापति। जाने कितने वर्ष, कितने महीने···कितने दिन बीत गए, जब जिंदगी की प्रतियोगिता में हिस्सा लेकर दौड़ना शुरू किया था। तब से लगातार वे दौड़ रहे थे। कभी ठहरकर साँस लेने या मुड़कर पीछे देखने की जरूरत महसूस नहीं की। इस दौरान सूरज का उगना-डूबना, रात का पसरना, हवा-पानी, गर्मी और शीत, प्रकृति के सारे ऊब-डूब, सारे परिवर्तन, साथ ही जिंदगी को खुशगवार बनाने के सारे यत्नों-प्रयत्नों की झाँकी···सब कुछ···शायद अपना चेहरा भी वे मीरा की आँखों में देख लेते थे। वह भी सायास नहीं··· अनायास, क्योंकि वह तो उनकी दिनचर्या में परछाईं की तरह शामित थी।

फिर चलते-चलते अचानक मीरा ने बेवफाई कर दी। साथ छोड़कर चली गई। जीवन की गति में तब भी व्यतिक्रम नहीं आया। हाँ, वे आँखें न रहीं, जिनमें वे अपनी सूरत देख लेते थे।

मन के पुरुष-गर्व ने छाती की हूक को दबा दिया। दौड़ में और तेजी आ गई।

लेकिन आज, जब वे सोने के लिए अपने कमरे में आए, उनकी आँखों के सामने अचानक आ गई दीवार पर टँगी उनकी और मीरा की तस्वीर। पल के सौवें हिस्से के लिए मन के झरोखे खुले और स्मृतियों ने धर-दबोचा। तस्वीर में पत्नी की मुस्कान से पुलकित होंठ तो मुस्करा आए, पर छोटी-छोटी आँखों को राह जीवन के बड़े-से विस्तार ने पर फैला लिए। रमापति ने आँखें बंद कर लीं।

स्वयं की शादी···भाई-बहनों की जिम्मेदारी···फिर अपने बच्चे, और एक लंबी दौड़ की शुरुआत, सबों को संतुष्ट और सुखी करने के लिए। कौन कह सकता था उन दिनों भी कि यह एक सामान्य-से गणित शिक्षक का घर है। दोनों बच्चियों की

ऊँची शिक्षा, उनकी अच्छी शादी, फ्लैट, गाड़ी सब कुछ! सब कुछ किया उन्होंने। बहुत संतोष है उन्हें। अपने ऊपर गर्व भी। मीरा ने भी कभी शिकायत नहीं की। उसके सहयोग ने उन्हें हमेशा ऊर्जा से भरा रखा। इसलिए भी शायद अपनी मैराथन दौड़ में कभी थकान का उन्होंने अनुभव नहीं किया।

रमापति ने मीरा के जाने के बाद उसे इस तरह कभी याद नहीं किया। या शायद अपने जीवन में हा-हा करती उसकी कमी से आँखें चुराकर उस थकान की गोद का आसरा लिया, जिसे उसकी मृत्यु के पहले कभी जाना तक नहीं था।

रमापति ने अँगुलियों से मीरा की तस्वीर को आहिस्ते से छुआ। स्मृतियों में उसे दुलारा। और भक-से जगा उनके भीतर, उनके अपने अकेले होने का दर्द। उन्होंने तस्वीर की ओर पीठ कर ली। बिछावन की ओर बढ़ने के लिए कदम बढ़ाए तो सामने ड्रेसिंग टेबल में लगे आईने पर निगाह पड़ गई। महीनों-वर्षों की गर्द थी उस पर। धुँधला गया था। वे तेज कदमों से आईने के पास पहुँचे। पर जितनी तेजी से वे आईने के पास गए थे, उसके पास पहुँचकर उनमें वह तेजी न रही। इस आईने के सामने बैठकर हर रात सोने से पहले वह अपने बाल सँवारा करती थी। यादें...यादें...यादें।

यादों को परे ठेलकर निचला ड्राअर खोला। पुराना रद्दी कपड़ा निकाला और आईने पर पड़ी धूल को पोंछने लगे। धूल तो पुँछ गई, पर उस पर अभी भी एक तैलीय परत थी। उस परत को भी साफ करने के लिए कोई उपाय सोचने लगे। आईने से झाँकते एक चेहरे से रमापति की आँखें चार हो गईं। झाइयों-झुर्रियों भरा यह तँबाया चेहरा! किसका है? प्रश्न उनके मन ने ही किया था। पर प्रश्न के साथ ही वह उत्तर भी पा गया था। इस एक चेहरे ने मन के आसपास पसरी तमाम स्मृतियों को पल-भर में दूर ठेल दिया। बस, एक चेहरा बचा रहा। एक सुदर्शन चेहरा! जो कभी उनका था, लेकिन उसके बरअक्स आईने में दिख रही सूरत भी खड़ी थी, जिसकी आँखों की ललाई गर्द-भरी थी...बिलकुल इस आईने की तरह ज़र्द...।

यह एक सच था। पत्नी की मृत्यु और बच्चों के दूर जाने के बाद अपने अकेलेपन को पराजित करने की जिद में इतने मुब्तला रहे कि न ही अपना खयाल रहा, न ही समय का...कैसे दिन गुजर गए...

मीरा के जाने के बाद थोड़े दिन बहू साथ रही थी। फिर जब बेटे-बहू जाने लगे, उन लोगों ने कामवाली की चौदह साल की बेटी को सारा काम-काज समझा दिया। रमापति का भाग्य! वह इतनी अच्छी और ईमानदार निकली कि उनकी

जिंदगी ढर्रे पर चलती रही। अपनी हदों में वह उनकी देखभाल करती रही। उन्हें सेवंती याद आई। सच, वे कैसे इंसान हैं? बारह-तेरह वर्षों से वह उनका घर सँभाल रही है। नाश्ता-खाना बनाती है, सफाई करती है, कपड़े धोती है, उनको आयरन करवाती है। यानी हर वह कुछ करती है, जो उनके घर की कोई स्त्री करती। वैसे समय-समय पर वे उसे कामकाज का निर्देश भी देते हैं। पैसा-वैसा भी तो खुद ही देते हैं। पर वह इंसान भी है, खयाल नहीं आया कभी। घर की तमाम वस्तुओं की तरह ही देखा है उसे, जिसकी वे कीमत देते रहे हैं। और वह देखना भी था शायद अपनी व्यस्तता की बेखयाली में···रास्ते की भीड़ में कहीं वह मिल जाए···तो शायद···वे उसे पहचान भी न पाएँ।

आईने के आघात से हिले हुए रमापति अपने बिछावन पर आ गए। रमापति कभी भी स्वप्नदर्शी नहीं थे। जीवन में जो भी पाना चाहा, उसके लिए संघर्ष किया। एक सामान्य गणित शिक्षक होकर भी अपने घर और बच्चों के लिए वह सब किया, जो कोई पूँजीपति ही कर सकता था। पत्नी की मृत्यु के बाद से अब तक भी ज़िंदगी से बिना किसी शिकायत के जी रहे थे। अब भी जिएँगे। लेकिन एक ओर जहाँ मन उनसे दृढ़ता से जीने का वादा ले रहा था, वहीं अपने अकेले होने का खयाल, जो एक बार सेंध लगाकर मन के सीमांत को छू चुका था : पसरता जा रहा था···पसरता जा रहा था। दृढ़ता बनी नहीं रही। तनने की कोशिश में टूट गई और रो पड़े रमापति। रोए···रोए और देर तक रोए। आँसू जब अतीत के धुँधलके को एक हद तक धो चुके तो रमापति संयत हुए। जितने दिन बचे हैं उसे जीना तो पड़ेगा···आँखें बंद कर सोने की कोशिश की। नींद से पहले पलकों के पीछे बचे दिनों के लिए योजनाएँ बनती-मिटती रहीं। और नींद आ गई। नींद खुली जब छात्र दरवाजा पीट रहे थे। रिटायरमेंट के बाद भी न उन्होंने छात्रों को छोड़ा, न छात्र उन्हें छोड़ पाए, उनके ट्यूशन-क्लासेज चलते रहे। हर वर्ष नए ग्रुप्स, नए छात्र। कमजोर छात्रों के पिता आज भी रमापति को अपने बच्चों के कैरियर के लिए प्राण-वायु मानते हैं। शायद यह व्यस्तता उनके प्राणों के साथ ही खत्म होगी।

रमापति ने आज बच्चों की छुट्टी कर दी। दरवाजा बंद कर बिना हाथ-मुँह धोए अपने बेडरूम से जुड़ी बालकनी में आ खड़े हुए। जाड़े की बादलों से ढकी भोर थी, धीरे-धीरे खिलती हुई। सड़क पर चलते लोगों की भीड़ आहिस्ता-आहिस्ता बढ़ रही थी। सामने दुकानों के शटर खर्र की आवाज के साथ उठ रहे थे। रमापति ने आज खुद के साथ-साथ शहर को जगते देखा। इसी सड़क पर से होकर लगभग

रोज की अपनी यात्राएँ की हैं और कभी इसे भर नजर देखा नहीं। कितने हैरत की बात है। पर सच है।

'मास्टर जी, टेबल पर चाय रखी है।'

सेवंती की आवाज सुनकर वे शहर से घर लौट आए। उन्हें सेवंती के आने की भी आहट नहीं मिली थी। डुप्लीकेट चाभी से दरवाजा खोलकर उसका आना, किचन में उसकी खुटुर-पुटुर। कुछ भी नहीं सुना उन्होंने। अपनी हथेलियों के पृष्ठ से उन्होंने अपने चेहरे को छुआ, ऐसे जैसे अपनी अन्यमनस्कता या बेखुदी को छूने की कोशिश कर रहे हों, उससे उबरने की कोशिश कर रहे हों। सेवंती को एक नजर घूमकर देखा, कहा, 'चलो, आता हूँ।'

छह कुर्सियों वाली ओवल शेप की बड़ी-सी मेज थी। मीरा कहा करती थी, '···बेटा-बहू, बेटी-दामाद और हम दोनों के लिए। सारी कुर्सियाँ खाली थीं। कभी इनमें से तीन भरी रहा करती थीं, बारी-बारी से बच्चे अपनी बात कहते। मीरा कभी उनकी बातों से सहमत होती, कभी असहमत। पर जो भी निर्णय लेती, रमापति से उसका समर्थन माँगती। खाली कप मेज पर रखते हुए रमापति एक नजर का चौथा हिस्सा उन पर फेंकते और कहते हुए निकल जाते—'तुम ठीक कह रही हो···तरंग और अनूप, तुम्हें माँ की बातें सुननी चाहिए।'

तब वे बिना मुड़े उन्हें दोबारा देखे निकल जाते थे। एक आश्वस्ति थी, शायद उनके होने की। आज स्मृतियों में आवाजें सघन हो रही हैं, पर आँखों के सामने कोई दृश्य नहीं। सारी कुर्सियाँ खाली हैं। कुर्सियों से निगाह उठी तो पूरा घर खाली दिखा। एक सजा-सजाया संपन्न घर, जिसके बाशिंदे शायद कहीं घूमने गए हैं। सेवंती ने इस घर की पुरानी सज्जा को कहीं से नहीं बदला है। बस, उसकी सार-सँभाल ऐसे की कि घर भूतों का डेरा नहीं बना। उन्हें अब तक अपने घर की जिंदगी बरकरार लगती रही, लेकिन सच्चाई यह नहीं। सच यह है कि वे अकेले हैं। अपनों से अलग, बिलकुल अकेले। रमापति ने आँखें बंद कीं और अपना सिर कुर्सी की पुश्त से टिका दिया। यादें···यादें···यादें।

अब तक कभी अपने को इतना कमजोर नहीं महसूस किया था। अपनी उम्र के साक्षात्कार ने अचानक उन्हें उम्रजनित कमजोरियों से भर दिया है। उन्हें डर लगने लगा है। पत्नी नहीं रही। बाल-बच्चे, नाती-पोते कहीं आसपास होते···नाना ···दादा जैसे मीठे पुकार की गरिमा में यह उम्र भी एक नए गौरव, नई पुलक से भरी हुई होती। वे भी पास नहीं हैं। आसपास हैं बस खाली-खाली कुर्सियाँ··· खाली-खाली कमरे···। तो क्या वे लावारिस बुढ़ापा जिएँगे? जिसकी लाश पड़ोसियों

को अपनी सूचना खुद अपनी बदबू से देगी, रमापति ने घबराकर आँखें खोल दीं। सामने घबराई हुई-सी सेवंती खड़ी है।

'आज मास्टर जी को क्या हो गया है?···माथे पर इतना पसीना क्यों आ रहा है, आँखें भी कैसी खाली-खाली हो रही हैं···'

वह मास्टर जी के पास आई। माथे पर हाथ रखकर देखा।

'न, गरम तो नहीं है। लगता है, मास्टर जी का प्रेशर-व्रेसर बढ़ गया है। उमर भी तो बहुत हो गई है। खाते-पीते लोग हैं, इसलिए अब तक टनमन हैं। बच्चे भी इनके कैसे हैं? बूढ़े बाप को अकेले छोड़ रखा है।'

उसने माथे पर रखा अपना हाथ हटाना चाहा। सोचा, कंधों से सहारा देकर उन्हें उनके कमरे तक पहुँचा देगी। पर मास्टर जी ने अपने माथे पर रखे उसके हाथ पर अपना हाथ रख दिया। सेवंती की तलहथी वैसी ही उष्म और नम थी जैसी मीरा की हुआ करती थी···। सारे ताप हर लेने वाली। हथेलियों की ऊष्मा से मन पर जमी बर्फ पिघलने लगी। लंबे स्त्रीविहीन जीवन के बाद किसी स्त्री का अपनत्व से भरा यह स्पर्श हृदय की संवेद ग्रंथियों के कई आयामों पर एक कंपन दे गया। और विवश आवेगों का प्रबल वेग आँसू बनकर आँखों से टपक पड़ा।

ममता से सेवंती का दिल भर आया। 'बेचारे मास्टर जी!' उसने अपने दूसरे हाथ की अँगुलियों से उनके आँसू पोंछ दिए। उन्हें आश्वस्त किया। 'आप मत घबराइए मास्टर जी, हम अभी अनूप भैया को फोन करते हैं।'

अनूप के जिक्र ने रमापति को स्पर्शों की दुनिया से पुनः बाहर खींच लिया। वे सेवंती को नहीं बता सके कि इस मोड़ पर आ खड़े होने के पहले उन्होंने अपने बच्चों को एक बार नहीं, कई बार, बल्कि निराश हुए बगैर बार-बार फोन करके उन्हें अपने पास कुछ दिनों के लिए आने को कहा है। कभी उनके पास व्यावसायिक विवशता कारण थी, तो कभी बच्चों के स्कूल, तो कभी मनोरंजन के लिए यूरोप का टुअर लाजिमी था। उनके पास आने की फुरसत नहीं। 'पापा मिसिंग यू अ लौट' कहकर सुख की कुछ बूँद चटा देते हैं। इतना ही क्या कम है? 'वीजा बनवा लो, टिकट भेजता हूँ। आप आ जाना।' वीजा बनवा लिया। टिकट स्वयं भी कटाकर जा सकते थे, पर उसने कहा था कि वह टिकट भेजेगा···न भेजना क्या यह बताना नहीं कि 'मत आओ पापा···यहाँ तुम्हारे लिए जगह नहीं'···शायद थोड़े दिन के लिए भी बुढ़ापे का बोझ उन्हें भारी पड़ता।

रमापति स्वभाव से गंभीर हैं। क्रोध ने थोड़ा और गंभीर बनाया। थोड़ी देर पहले की अपनी विह्वलता अच्छी नहीं लगी। उन्होंने अपना हाथ सेवंती के हाथ पर

से हटा लिया और बोले—'नहीं, फोन करने की जरूरत नहीं।'

उनके हाथ हटाते ही सेवंती ने भी अपना हाथ हटा लिया और बोली—'हाँ मास्टर जी, माथा तो गरम नहीं, जाँच करवा लीजिए, शायद प्रेशर-व्रेसर बढ़ गया होगा।'

रमापति ने आँखें उठाईं। भर नजर उसे देखा, अपने लिए उसकी फिक्र देखी। उनके मन ने एक खिड़की खोली जहाँ खड़ी थी सेवंती। बस सेवंती ही। संयत होकर उन्होंने उसे सामने कुर्सी पर बैठने का इशारा किया।

सेवंती उनके सामने कुर्सी पर कैसे बैठ सकती थी? उसने धीरे से कहा—'ऐसे ही ठीक है मास्टर जी! आप बोलिए।'

रमापति को बहस की आदत नहीं। और सेवंती मीरा नहीं है, जो पल-पल उनके मन के पैरों चलती। वे थोड़े और संयत हुए। पीड़ा का अहसास कुछ और बढ़ा। कह सकते थे उससे, 'इन कुर्सियों का खाली होना दिल पर चोट करता है। सामने वाली कुर्सी पर बैठकर मेरे साथ तुम भी चाय पिओ। उससे उन पर का छाया सन्नाटा टूटेगा।' पर आभिजात्य के अभिमान ने कहने नहीं दिया। सेवंती की दुनिया में इतना संघर्ष है कि उसके पास इतना समय नहीं होता कि वह अपने दुःख और संघर्ष से उबरकर दूसरों के चेहरे से उसका सुख-दुःख पढ़े। बचपन में कब माँ-बाप ने शादी कर दी थी, याद नहीं। यहाँ काम करने के दौरान ही दूल्हा घर-जमाई बनकर उसके मायके में ही रहने लगा। माँ-बाप ने जब शादी की थी, वह शायद बारह-चौदह साल का था और सेवंती पाँच-छह साल की थी। उसके पास जब आया, गबरू जवान था, पर शराब, नशे की गोलियाँ और न जाने किन-किन बुरी आदतों का आदी भी। तुरंत इसे पता नहीं चला था। पता चलते-चलते दो बच्चे दे दिए उसने। फिर भी वह खुश थी। ट्रक-ड्राइवर है, पिएगा नहीं तो माल से भरी बड़ी-सी गाड़ी खींचेगा कैसे? फिर प्यार तो करता ही है। और क्या चाहिए? पर उसकी खुशी टिकी नहीं। नशे में उसने एक्सीडेंट किया, और सब कुछ समाप्त हो गया। उसके गुजरते ही माँ-बाप, भाई-भावज सब पर भारी पड़ गई। अपना और अपने बच्चों का पेट भरने लायक वह कमा लाती है, फिर भी जिंदगी जिल्लतों से भरी है। बस, थोड़े दिन और। बच्चे थोड़े और बड़े हो जाएँ तो अपना एक अलग ठौर बनाएगी। पर अभी तो उसकी जो स्थिति है, उसमें तो वह अपने और अपने बच्चों से इतर कुछ भी सोचने की स्थिति में नहीं है।

लेकिन सेवंती शायद स्वयं भी नहीं जानती कि जो जिंदगी से स्वयं जूझते होते हैं, उन्हें जिंदगी का दर्द सबसे पहले दिखाई दे जाता है। दर्द की लकीरों में

उलझे शब्द उनके लिए बड़े स्पष्ट होते हैं। सेवंती ने अपनी मना के बाद उनके चेहरे पर उभरती लकीरों को जो भर आँख देखा, उनके अनकहे को जान लिया। पल-भर को सकुचाई, फिर अगले ही पल कुर्सी खिसकाकर मेज से सटकर कुर्सी के सामने खड़ी हो गई। मानो कुर्सी पर बैठ रही हो। अब मास्टर जी के सामने वाली कुर्सी खाली नहीं थी। एक मानवाकृति वहाँ थी। 'मास्टर जी, लीजिए, हम बैठ जाते हैं, आप अब चाय पी लीजिए।'

उन्हें अच्छा लगा। औरतें शायद ऐसी ही होती हैं। मीरा हो या सेवंती, मन की बातें पढ़ लेती हैं। शायद इसीलिए उनके बगैर जिंदगी रेत का दूह हो जाती है।

सेवंती मास्टर जी को खुश करने के लिए लगातार बोल रही थी। मास्टर जो को उसका बोलना अच्छा लग रहा था। चाय पीकर उठते हुए उन्होंने उससे पूछा—"तुम्हारे कितने बच्चे हैं?"

"दो, मास्टर जी!" अपने बच्चों की चर्चा से सेवंती के चेहरे पर छलक आई खुशी रमापति ने देखी, जरा-सी देर को रुके, फिर कहा—"खाने के समय उन्हें भी साथ ले आना। सब मिल-बैठकर खाएँगे।"

सेवंती अवाक् उन्हें देखती रह गई। रमापति कुछ स्थिर, कुछ डगमग पैरों से अपने कमरे की ओर बढ़े। लेकिन अचानक वे रुके, धीरे से दीवार थामी और घूमकर एक पल सेवंती को देखा। सेवंती अगर अपनी ही सोच में डूबी हुई न होती तो उनकी आँखों में खुद को देख पाती। और आगे ढेर सारे सवाल, जो उसके मन में उठने वाले थे, नहीं उठते, पर न सेवंती ने देखा, न रमापति ने दिखाने की कोशिश की। बस, अपने कमरे की ओर घूमते हुए उसे दोबारा याद दिलाया—"बच्चों को जरूर ले आना।"

मास्टर जी को अच्छा लगेगा, यह सोचकर उसने मास्टर जी की बात रख ली थी। खाने के समय पर अपने बच्चों को ले आई। प्यारे-प्यारे गदबदे बच्चे थे। अपने हिसाब से सेवंती उन्हें नहला-धुलाकर अच्छे कपड़े पहनाकर लाई थी। मास्टर जी बच्चों को देखकर बड़े खुश हुए। उन्हें अपने निकट बिठाया। बहुत ही थोड़े समय में, बस सेवंती के खाना परोसने तक में बच्चों से मास्टर जी की दोस्ती हो गई। अपने बच्चों को मास्टर जी के साथ कुर्सी पर बैठकर बातें करते देख सेवंती को भी बहुत अच्छा लग रहा था। खाना परोसकर जब वह पास ही में खड़ी हो गई तो मास्टर जी ने उसे भी साथ बैठकर खाने को कहा। वह डर और संकोच से घिर गई। आदर और दुलार का यह महापहाड़ वह अपने सिर नहीं उठा सकती थी। उसकी सहमी हुई मुद्रा रमापति ने देखी। समझा उसे थोड़ा-सा हँसे, उसे

इशारे से अपने पास बुलाया, बेहद आत्मीयता से अपने हाथ उसके कंधे पर रखकर बहुत कम बोलने वाले रमापति कहने लगे—'सेवंती, जाने कब से तू मुझ अकेले की गृहस्थी चला रही है। लड़की से माँ बन गई। महीने के चंद रुपए उसकी कीमत नहीं। तू तो मेरे इस घर का हिस्सा बन गई है। और शायद आज की इन घड़ियों में तू ही मेरा परिवार है। आ, और निःसंकोच बैठ, बल्कि अब तुम लोग कहीं नहीं जाओगे। यहीं रहोगे। यह तुम्हारा अपना घर है।'

और रमापति ने एक बार फिर अपना परिवार बनाया। उम्र और सांसारिकता के अंतिम दौर में मुट्ठियों से छलकती जा रही रेत का अणु-अणु जीने के लिए। बच्चों के लिए ढंग के कपड़े खरीदे। उनका अच्छे स्कूल में नाम लिखवाया। समय निकालकर उनके साथ बतियाते, खेलते। सच पूछो तो जिंदगी के गणित का जो फलाफल उन्होंने तय किया था, उसकी सफलता-असफलता का त्रास भूलकर फिर से दो और दो जोड़कर नए फलाफल का हिसाब बना लिया और बाकी की यात्रा शुरू कर दी।

सेवंती भी खुश थी। ऐसे सम्मानपूर्वक जीवन की उसने कल्पना भी नहीं की थी। सब कुछ आशातीत था। किंतु कैलेंडर के पलटते पन्नों के साथ उससे मुक्ति पाकर निश्चिंत हुए भाई-भावज और दूसरे रिश्तेदारों में उसके सुख को देखकर उपजी ईर्ष्या आसपास अनर्गल प्रलाप करते हुए गंदी राजनीति रचने लगी। अपार्टमेंट के लोग भी दबी जुबान से इस चर्चा में रस लेने लगे। रमापति अनुभवी थे। न उन्होंने पहले कभी अपने जीवन में दूसरों की दखलअंदाजी पसंद की थी, न अब ही उन्हें उसकी परवाह थी। किंतु सेवंती इन बातों से अप्रभावित न रह सकी।

जब अभाव होता है, जीने का संघर्ष होता है तो बाकी दुनियावी बातें बेमानी होती हैं। पर जब पेट में अनाज की गर्मी और बदन पर रेशमी कपड़ों की सरसराहट होती है तो खाली दिमाग में दस बातें आने-जाने का रास्ता निकाल लेती हैं। सेवंती को भी सोचने के लिए ढेर-सा वक्त मिल गया था। कल तक जो मास्टर जी का किया हुआ अहसान की तरह उसके दिलोदिमाग पर काबिज था, वह सवालों में बदलने लगा और लोगों की उलटी-सीधी बातों ने उन सवालों को पैना कर दिया। 'क्यों···क्यों रह रही है मास्टर जी के साथ?' मन से धीमी आवाज उठती—'बच्चों का भविष्य' तो एक दूसरी तेज आवाज उसे निरस्त कर देती—'कैसा भविष्य? कल इनके अपने बच्चे आएँगे और तुझे निकाल बाहर करेंगे। फिर न इधर की रहेगी और न उधर की। व्यर्थ का कलंक लगेगा अलग।' मन के भोले

हिस्से से धीमा-सा विरोध होता–'मास्टर जी हमें अपना परिवार मानते हैं।' तेज आवाज इतनी तेज होती कि सेवंती काँप जाती...'कैसा परिवार? कभी तुझे भूल से भी बेटी कहकर बुलाया है? मुँह-पुराई के लिए भी नहीं कहा।'

अपने मन में उठते सवालों से हारने लगी।

...तो...तो क्या यह सुखों की चाँदनी थोड़ें दिनों की है?

...और यह जो लोग-बाग बोल रहे हैं? कलंक तो लग ही गया न?

...तो...तो क्या...?

उस दिन भी अपने इन्हीं सवालों से दो-चार हो रही थी सेवंती, जब मास्टर जी ने उसके हाथ में 'तुम्हारे लिए साड़ी' कहकर एक पैकेट थमाया। निमिष मात्र के लिए खुशी ने सेवंती को छुआ, अगले पल वह गहरे अवसाद से घिर गई। सुख की क्षणिकता की आशंका ने उस पल के सुख को नष्ट कर दिया। इस अवसाद की त्वरित प्रतिक्रिया उन्माद थी। सेवंती उन्माद से भर उठी। जिन मास्टर जी से उसने कभी अनादर से बात नहीं की थी, उद्दंडता से पूछ बैठी–'काहे मास्टर जी, मेरे वास्ते साड़ी काहे को, बच्चों तक मान लिया। मुझे तो आप तनख्वाह देते ही हैं।' मन की बात जब स्पष्ट नहीं कह सकी तो आँखों में आँसू बलबला आए।

साड़ी तो रमापति ने उसे खुश करने के लिए ही खरीदी थी। सेवंती की ऐसी प्रतिक्रिया की उम्मीद उन्हें नहीं थी। अमूमन स्त्रियाँ साड़ी-जेवर देखकर खुश हो जाती हैं। रमापति की मुखमुद्रा कठोर हो गई। रमापति ने पहले कभी किसी के लिए उपहार नहीं खरीदा था। मीरा के लिए खरीदा होता तो वह वारि-वारि हो जाती। चलो, मीरा नहीं सही, सेवंती के लिए ही खरीदा, वे महसूस कर रहे थे, किसी के लिए भी ख़रीदो, उपहार खरीदने में भी एक अलग किस्म की उत्तेजना होती है। खुशी होती है। वे इस नई खुशी को जीते हुए अगली खुशी की प्रतीक्षा कर रहे थे कि सेवंती उनके उपहार को पाकर गद्गद हो जाएगी। इस निरादर के लिए तैयार नहीं थे। सेवंती का व्यवहार, सेवंती के आँसू सब कुछ उन्हें अरुचिकर लग रहे थे। वे तेज कदमों से अपने कमरे में चले गए।

लेकिन सेवंती उन्माद से भरी हुई थी। वह उनके पीछे-पीछे कमरे में गई। मास्टर जी अपने बिछावन पर बैठे हुए थे। माथे पर पड़े बल उनकी अरुचि और क्रोध को साफ जाहिर कर रहे थे। सेवंती बिना झिझक उनके पैरों के पास बैठ गई और बिलखते हुए अपना प्रश्न दुहराया–

'हमें बताइए मास्टर जी, यह दुलार-मलार क्यों? हम तो नौकर की हैसियत से ही आपके कहने पर अपने बच्चों को यहाँ लाए थे। लेकिन आपने हमें

अपनों-सा मान दिया। मास्टर जी! हम लोग इतने मान के लायक नहीं। हमें लोगों के ताने सहन नहीं होते मास्टर जी। हमारे पास उन तानों का कोई उत्तर नहीं है।...एक बार बेटी कहकर पुकारा होता तो हम बोलने वालों के मुँह पर थूक देते। या...या कम से कम वही बनाकर रखा होता जो लोग कह रहे हैं...तो आपका दिया यह मान-सम्मान, दुलार-मलार अपनी कमाई तो लगता। ताने झूठे नहीं होते तो मेरी छाती में चुभते भी नहीं।'

उसके शब्द हिचकियों में फँस रहे थे। वह फूट-फूटकर रोने लगी। लेकिन अपने आँसू और अपनी हिचकियों में भी उसने बड़ी दृढ़ता से अपना निर्णय मास्टर जी को सुना दिया।

'मास्टर जी, अगर आप चाहते हैं कि हम यहाँ रहें तो आप हमसे अपने रिश्ते का खुलासा करें।'

सेवंती की ये बातें, उसके आँसू, उसका विलाप रमापति को स्टेज पर के खेले जाने वाले नाटक का दृश्य लग रहे थे। लेकिन वे यह भी जान रहे थे कि वह जिस वर्ग की है वहाँ भावनाओं के संतुलन की शिक्षा नहीं दी जाती, इसलिए इनका क्रोध, इनका प्यार, इनकी घृणा, इनका अभिमान सब पारदर्शी होता है। हालाँकि रमापति के हिसाब से उन्होंने उसे बहुत कुछ दे रखा है। सुख-सुविधा, मान-सम्मान सब कुछ। उसकी सारी माँग बेवजह और मूर्खता भरी है। लेकिन रमापति को उसका जाना भी मंजूर नहीं था। उन्होंने आँखें उठाईं। उसे देखा। अपनी अरुचि और क्रोध को कुशलता से छुपाकर उसके माथे पर अपना हाथ रखा। फिर बाँहों से पकड़कर अपने पास बिठाया और बोले—'तू मेरी अपनी है सेवंती! सच कहूँ तो अब सिर्फ तू ही मेरी अपनी है।'

लेकिन सेवंती की मानसिक परिपक्वता रिश्तों के बगैर इस अपनेपन को बहुत पहले ही खारिज कर चुकी थी, इसलिए मास्टर जी की यह पंक्ति उसे तोष न दे सकी। सेवंती इस समय तो चुप हो गई, पर उसने मन ही मन कुछ तय किया। सही तो। रिश्ता तो औरतें बनाती हैं, मर्द तो सिर्फ उसे जीना जानते हैं। मास्टर जी के साथ रिश्ता वह स्वयं बनाएगी।

सेवंती जब से यहाँ रह रही है, कई महीने बीत गए, हर रात सोने के पहले बिला नागा उन्हें दूध दे आती है। पलंग के पास वाली मेज पर गिलास में पानी रखकर ढक देती है। कभी-कभी दो घड़ी बैठकर मास्टर जी के पैर भी दबा देती है। हालाँकि शुरू में एक-दो बार मास्टर जी ने मना भी किया था। कुछ अस्थिर भी वे हो उठते थे। बाद में इसे नियम की तरह स्वीकार कर लिया। आँखें बंद

किए हुए पड़े रहते हैं। सोने का भान किए हुए। पाँव दबाते हुए सेवंती ने उनके चेहरे पर तृप्ति और सुख के भाव देखे हैं। वह जानती है कि उसका स्पर्श मास्टर जी को सुखी करता है।

रोज की तरह आज भी उसने सोते समय उन्हें दूध का गिलास पकड़ाया। पानी ढककर मेज पर रखा। मास्टर जी के पैताने बैठते हुए कहा–'सो जाइए मास्टर जी, सुबह आपको जल्दी उठना होता है।'

रमापति ने भर आँख इस स्त्री को देखा, जो उसकी कोई नहीं लगती। कितने समर्पित भाव से उनकी सेवा करती है। उसके सवाल भी मन में घूम रहे थे। उन्होंने आँखें बंद कर लीं। मन में बहुत संघर्ष है, इसे बता नहीं सकते। पैरों पर उसकी तलहथी का नरम स्पर्श रोज की तरह त्वचा की पहली परत तले लगातार होने वाली जलन-भरी तृषा को परिशांत कर रहा था। वे मन ही मन ईश्वर को धन्यवाद दे रहे थे। सचमुच सब कुछ छीनकर, सारे सुखों से वंचित कर निराशा के गहन अँधेरे के बीच सेवंती को ईश्वर ने रोशनी के वरदान की तरह उन्हें भेंट किया था। आँखें बंद किए हुए सेवंती के स्पर्श-सुख को रग-रग में भर रहे थे कि अचानक उन्हें अपने पैरों पर अतिरिक्त भार का अनुभव हुआ। उन्होंने आँखें खोलीं। उनके टाट जैसे पैरों पर सेवंती रेशमी धागों के गुच्छे की तरह पड़ी हुई थी। वे जान रहे थे कि सेवंती जाग रही है। प्रलोभित कर रहा था सेवंती का यह मूक समर्पण। घुटनों पर उसके मांसल वक्ष का मांसल स्पर्श विवेक की सारी साँकलें तोड़ रहा था। लंबे स्त्रीविहीन जीवन के बाद स्त्री का यह आमंत्रण उम्रजनित अपनी संभावित अयोग्यता को भूल जाने को विवश कर रहा था।...और वे भूल गए...बहुत कुछ भूल गए। बस, याद रही सामने पड़ी समर्पित स्त्री।

बाहर आसमान पर मेघ सांद्र हो रहे थे। पता नहीं बरसात होगी या नहीं। बादल भी गरज रहे थे। गरज छोटी थी, पर थी। बिजली भी चमककर मौसम के बदले आसार की सूचना दे रही थी।

पर सुबह के आकाश पर रात के बादलों का कोई चिह्न नहीं था। खिली-खिली उजली धूप थी, सिहराती ठंड की खुनक से भरी हुई। रमापति अपनी बालकनी में खड़े उस उजली भोर की पारदर्शिता को अपनी थकी हुई दृष्टि में भरने की व्यर्थ-सी कोशिश कर रहे थे। वह ताजा होना चाह रहे थे। किंतु एक नामालून-सा डूबता मनोबल! एक बार फिर देख रहे थे झुर्रियाई हथेलियों के पृष्ठ, जिसे उस युवा स्त्री ने छुआ था...प्यार किया था। उनकी अयोग्यताओं को नकारते हुए उनके बुढ़ापे के सलीब पर अपनी देह टाँग दी थी। वे सेवंती का मन समझ रहे थे। वह

भोली स्त्री उनके बुढ़ापे से जुड़कर अपना भविष्य सुरक्षित कर रही थी। नादान स्त्री! बुढ़ापा कहीं किसी युवा का भविष्य सुरक्षित करता है? वह तो स्वयं कब्र से उलटी दिशा की ओर किसी युवा की साँसों और सोचों के बीच अपनी जगह बनाने को बेचैन रहता है, किसी भी रूप में जुड़कर धीमी होती जीवन की गति को लयात्मक बनाए रखना चाहता है।

रमापति ने मन को झटका। आसमान की ओर देखकर एक बार फिर उसके उजाले को मन-प्राण में भरकर ताजा होने की कोशिश की। पर ऐसा नहीं कर सके। सच ही तो, वे इतने सामंती भी तो नहीं थे कि स्त्री-देह को पुरुषों के भोग की सामग्री मानकर खुद को बहला लेते, न ही इतने आधुनिक थे कि मनुष्य को पशु मानकर नर और मादा के संबंध का औचित्य तलाश लेते। वह तो मध्यवर्गीय आदर्शों में जीने वाले एक सीधे-सादे अध्यापक थे। ठीक है, सेवंती का स्नेह, अपने लिए उसकी परवाह, उसका स्पर्श सब उन्हें भाता था। उसके स्पर्श से उनकी शिराएँ तनती थीं। उसके छोटे-से स्पर्श से उन्हें महसूस होता था कि उनकी सारी झुर्रियाँ मानो पल-भर में मिट गई हों। मन में युवाओं की तरह उत्साह महसूस करते। किंतु यह भी उतना ही सच था कि उन्हें इसके साथ ही किसी के अपनेपन की भी जरूरत थी। उन्हें सेवंती की ऊष्म देह से ज्यादा माथे पर उसकी ऊष्म हथेलियों के नम स्पर्श की जरूरत थी। उसके बच्चों में हँस-खेलकर जीवन-लय को पुनर्जीवित करने की जरूरत थी। और सबसे प्रमुख जरूरत थी इस गिरती उम्र के नितांत अकेलेपन में उसकी सेवा की। इसीलिए पैसे और सुविधा देकर, सम्मान देकर सेवंती और उसके बच्चों से उसकी खरीदारी करनी चाही। उन्हें खयाल नहीं रहा कि सेवंती उस वर्ग से नहीं, जहाँ आदर और समर्पण खरीदा और बेचा जाता हो। सही तो पूछा था उसने, 'क्या रिश्ता है हम दोनों के बीच?'

रमापति ने कभी उसे बेटी कहकर नहीं बुलाया। नहीं बुला सकते थे। एक तो उनका आभिजात्य! वे तरंग का दर्जा उसे नहीं दे सकते थे। दर्जा न देते, बेटी कहकर तो बुला सकते थे। नहीं बुलाया। सच तो यह है कि उनकी मध्यवर्गीय सोच उन्हें कभी अनुमति नहीं देती कि जिस स्त्री के ममता-भरे स्पर्शों से भी उनके पुरुष सुख को तृप्ति मिलती हो, उस स्त्री को बेटी कहकर बुलाएँ। जिंदगी ने कभी छल-प्रपंच करने का मौका नहीं दिया था, शायद इसलिए न मन इतना छली हुआ था, न भाषा। ब्याह करके मीरा की जगह देना तो रमापति के लिए नामुमकिन था। तो…?

तो जो हुआ, वह तो वही था, जो सेवंती ने कठोर शब्दों में पूछकर स्पष्ट

जानना चाहा था। उन्होंने तब उसे उत्तर नहीं दिया था। पर आज अपने मन नें उठते सवालों को अनसुना नहीं कर सकते।···शायद बिना किसी रिश्ते के (क्योंकि रिश्तों को खून और पानी से सींचना पड़ता है) मात्र अपनेपन जैसे छली शब्द की कीमत पर सेवंती से स्त्री के सारे रिश्ते की अपेक्षा थी। और इसो आकांक्षा ने उसे सिर्फ एक मादा बना दिया। यह सच कचोट रहा है उन्हें। अपने आप से वितृष्णा हो रही है।

सुबह जब उनकी आँख खुली थी, पल-भर के लिए उन्हें बहुत-बहुत अच्छा लगा था। मन जैसे रेशम-रेशम था, बालकनी से आती जाड़े की उजली-खिली धूप जिस्म पर मीठी सेंक दे रही थी। पर अगले पल पलंग से उतरकर खड़े होते ही सब कुछ तिरोहित हो गया। पैरों के नीचे कठोर जमीन थी। आँखों के आगे नाचते सितारे। साँसों की गति में तूफान आ रहा था। यह देह की स्थिति थी। बालकनी तक आते-आते ढेर सारी सोचों ने सवाल बनकर मन पर आक्रमण कर दिया। उन्हें लगा, साँसों के तूफान भँवर बनकर उन्हें अपनी गर्त में खींचते चले जा रहे हैं। और मन की कचोट गर्म लहर की तरह नसों में उतर रही है। और इस सबके बीच रह-रहकर एक डर···एक भय की ठंडी सिहरन भी। जैसे बुखार में पसीने से भीगी देह को थोड़ी-सी हवा सिहरा देती है। गर्मी, पसीना···और हड्डियों को कँपाती ठंड···दोनों एक साथ झेल रहे थे रमापति।

···हाँ, यह भी भय कम नहीं कि सेवंती चली न जाए कहीं। उनकी थरथराती साँसों ने मीरा को आवाज दी। कोसा उसे···

'कैसी शिक्षा दी थी तुमने बच्चों को कि तुम्हारे मरते ही अपने बाप को भुला दिया! क्या कमी की थी मैंने? विदेश क्या इतना दूर है···कि कोई पलटकर अपने बूढ़े बाप की खैर को भी न आ सके?'

रोने के लिए बस एक बहाने की जरूरत थी—और हुड़क-हुड़ककर रोने लगे रमापति। उनके गालों पर जाने कब तक उनका दुःख और रोष पिघलकर बहता रहता, अगर सेवंती उन्हें आकर न उठाती।

'क्या कर रहे हैं मास्टर जी? इस ठंड में, खुली बालकनी में बैठकर किस अपराध का दंड भुगत रहे हैं? चलिए अंदर।'

उसने मास्टर जी के आँसू पोंछे और बड़ी ही सहजता से अपनी बाँहों का सहारा देकर उन्हें अंदर कमरे में ले आई। गर्म चाय का प्याला पकड़ाया। उन्हें इसी मनःस्थिति में देखकर उसने गहरी साँस ली। उन्हें अपनी ओर घुमाया। धीरे मगर सख्त लहजे में कहा—'मास्टर जी, हमें दुःख नहीं, अफसोस नहीं, तो आप

क्यों मरे जाते हो? देखिए हमें। कहीं कुछ घटा है हममें? नहीं ना? वैसी की वैसी हूँ। चलिए, चाय पीजिए।'

अपनी मरजी से उसने मास्टर जी के छात्रों की आज छुट्टी कर दी। हालाँकि वह लड़कों के सामने जाने से बचती थी। उनकी आँखों में उसे अपने लिए उपहास नजर आता था। पर आज वह जैसे ढीठ हो गई थी।

रमापति घंटों अपने कमरे में बंद रहे। शायद कुछ तय किया। अपनी प्रगल्भ हो रही साँसों को थोड़ा सँभालकर उठे। कोट पहना, मफलर लपेटा और निकल गए। बिलकुल पहले की तरह व्यस्त! जैसे बहुत कुछ करना है और वक्त बहुत कम।

सेवंती को मास्टर जी की देर तक प्रतीक्षा करनी पड़ी। वे आए, कपड़े बदले, भोजन किया। आहिस्ते से सेवंती ने पूछा भी कि 'इतनी रात कैसे हो गई?' पर उन्होंने उत्तर देने की आवश्यकता नहीं समझी। सेवंती जब दूध का गिलास लेकर अंदर आई, उसे लगा जैसे मास्टर जी उसकी प्रतीक्षा कर रहे थे। उसे थोड़ी खुशी हुई। पर मास्टर जी की गंभीरता के आगे उसके होंठ नहीं खुले। रमापति ने उसे बैठने को कहा। स्वयं भी पलंग की पुश्त से टेक लगा ली। कुछ पल यूँ ही मौन पसरा रहा। फिर उन्होंने तकिए के नीचे से कुछ पेपर्स निकाले और सेवंती की ओर बढ़ाए। ये कैसे कागज हैं? उसके यह पूछने के पहले ही उन्होंने बताया—'ये इस फ्लैट के कागजात हैं। यह फ्लैट मैंने तुम्हारे नाम कर दिया है। यह पास बुक है, इसमें दो लाख रुपए हैं तुम्हारे नाम, तुम्हारे बच्चों की पढ़ाई के लिए। अब मैं रहूँ, न रहूँ, तुम्हें इस घर से कोई नहीं निकालेगा।'

सेवंती का मुँह आश्चर्य से खुला रह गया था। उसे न इतनी चाह थी, न ही इतने की कल्पना। वह सँभलकर कुछ कह पाती, उसके पूर्व ही रमापति ने फिर कहा—'तुम्हें कुछ कहने की आवश्यकता नहीं। यह सब मुझे अपने अपनों को देना था और जो मेरे अपने सिद्ध हुए, उन्हें मैंने दिया। मैं तो अपनी सारी संपत्ति तुम्हारे नाम कर देता, पर तब मेरे बच्चे किसी न किसी बहाने तुमसे वह सब छीन लेते···वैसे भी जो बचा है, वह मैंने अपने नाती-पोतों के नाम कर दिया है···उनका क्या कसूर? उसके पेपर्स भी इसके साथ ही हैं। मेरे मरने पर उन्हें दे देना।'

'मास्टर जी!' सेवंती ने बीच में टोका। उससे यह सब सुना नहीं जा रहा था, पर मास्टर जी को अभी और कहना था। उन्होंने उसे हाथ से रोका और अपनी बात कहते गए—

'तुमसे एक आग्रह है सेवंती, अगर मुझे कुछ हो जाए तो जैसे इतने दिन मेरी

सेवा की है, कुछ दिन और कर देना। यह भी इसलिए कह रहा हूँ, क्योंकि जानता हूँ, तुम करोगी। लेकिन मेरे बच्चों को मेरी खबर मत देना। हाँ, मेरे मरने के बाद मेरी मृत्यु की खबर जरूर भेज देना।'

रमापति ने अपनी आँखें बंद कर लीं। उन्होंने अपनी बात पूरी कर ली थी। अब उनके चेहरे पर व्यस्तता की उत्तेजना की जगह गहरी थकान थी। सेवंती चुपचाप रो रही थी। उसने ऐसा कुछ भी नहीं चाहा था, वह तो मात्र स्थिति की यथावतता चाहती थी। रमापति ने उसकी सिसकियाँ सुनीं तो आँखें खोल दीं। उसके सिर पर हाथ फेरा। उसके आँसू पोंछे। स्नेहिल मगर गंभीर स्वर में कहा—'जाओ सेवंती, अपने कमरे में जाकर सो जाओ।'

सेवंती जाना तो नहीं चाहती थी, पर रुकने की उसकी हिम्मत नहीं हुई।

रात की अच्छी-बुरी परछाइयों से उबरकर सेवंती ने सुबह बच्चों को तैयार करके स्कूल भेजा। चाय का पानी गैस पर चढ़ाकर उन्हें देखने उनके कमरे में गई। इस समय तक मास्टर जी नहा-धोकर तैयार हो रहे होते हैं। सेवंती ने उढ़के दरवाजे को धीरे से खोला। सेवंती घबराकर चीख पड़ी। मास्टर जी बाथरूम के पास दरवाजे से उठंगे-से पड़े हुए थे। दौड़कर पास आई। मास्टर जो की आँखें बंद थीं। उसने उन्हें हिलाया। पर उन्होंने आँखें नहीं खोलीं। उनकी आसन्न मृत्यु का भय एक ठंडी सिहरन बनकर उसे अंदर तक कँपा गया। उसने अपनी हथेली उनकी नाक से सटाई। साँसें चल रही थीं। वह थोड़ा आश्वस्त हुई। उसने स्वयं को सँभाला। मास्टर जी को वह अकेले नहीं उठा सकती थी। उन्हें वैसे ही छोड़कर डॉक्टर को फोन किया। दूसरा नंबर डायल कर रही थी कि मास्टर जी के निर्देश याद आ गए—'मेरे बच्चों को मेरी खबर मत देना।' नंबर बदल दिया। पड़ोसियों को फोन मिलाया, वे तुरंत भागे हुए आए। उनकी मदद से उन्हें बिछावन पर सुलाया। डॉक्टर के आने तक उनकी साँसें असंबद्ध होने लगी थीं, पर बची थीं।

मास्टर जी ने अपनी अंतिम साँस डॉक्टर और पड़ोसियों के सामने ली। डॉक्टर ने पड़ोसियों को बताया, लंबी उत्तेजना ने उनके प्राण ले लिए।

सेवंती ने चिर निद्रामग्न मास्टर जी को भीगी आँखों से देखा। अपनी सिसकियों से बातें कीं...हाँ, उत्तेजना तो थी ही—देह की...मन की...और शायद **नींद से पहले** एक बार फिर जिंदगी से नाता जोड़ने की उत्तेजना।

('कथादेश')

किराए का मकान

मेरा नाम शीला मजूमदार है--इस बड़े शहर के एक बड़े मोहल्ले में एक बड़ी-सी बिल्डिंग की छोटी-सी बरसाती में पेइंग गेस्ट हूँ। मेरा रूप-रंग कैसा है? यह सवाल महत्त्वपूर्ण नहीं होता, अगर मैं लड़की नहीं होती, पर हूँ। लड़की भी नहीं, एक औरत। आप हँस रहे हैं? हँसिए, पर मैं सचमुच एक औरत हूँ। अड़तीस साल उम्र है मेरी। आपको यकीन नहीं...न हो, मेरा क्या जाता है?

इस अदा से, इस ठसक के साथ मैं यहाँ रहती हूँ। इतनी ठसक रखनी पड़ती है। नहीं तो सारे लोग कुम्हड़े की बतिया न समझ लें। प्राइवेट फर्म में छोटी-सी नौकरी है। महीने में कम से कम चालीस परसेंट बिजनेस देना पड़ता है। इससे ज्यादा बिजनेस देने पर कमीशन मिलता है। पर बहुत कंपीटीशन है। हालाँकि मेरे कुलीग कहते हैं कि मेरी आवाज का भारीपन, मेरे माथे की बड़ी-सी लाल बिंदी, मेरा चिकना-साँवला रंग (लगभग काला) और सजी दंत-पंक्तियों में गुँथी दूध-सी उजली हँसी मेरे बिजनेस के प्लस प्वॉइंट हैं, चलो, यही सही। पर मैं कोशिश करके भी अधिक बिजनेस देकर कमीशन नहीं कमा पाती। पैसे घर भेजकर, इस सड़ियल बरसाती का किराया देकर, इतने पैसे नहीं बचा पाती कि कभी टैक्सी से दफ्तर चली जाऊँ या किसी अच्छे रेस्तराँ में बैठकर मनपसंद खाना खा सकूँ। सुनती थी कि कहीं-कहीं बॉस लोग आकर्षक पदाधिकारियों को गाड़ी में लिफ्ट भी देते हैं। होटल में खाना भी खिलाते हैं। पर यहाँ तो साला बूढ़ा खूसट पूरी आँख से देखता भी नहीं। नहीं, नहीं देखता, कैसे नहीं? नहीं देखता, तो कहता कैसे? मिस मजूमदार, इतनी उजली हँसी ईश्वर मुझे देता तो मैं हंड्रेड परसेंट बिजनेस ले आता।

साला, हँसी से बिजनेस का क्या मतलब? क्या मैं अपने रूप-रंग का बिजनेस करके तेरे लिए बिजनेस लाऊँ? हूँ हः! ऐसा करना होता तो सीधा वहीं न करती? घर से इतनी दूर आने की क्या जरूरत थी? हरामी कहीं का। ऐसा अपनी बेटी को बोल।

मकान मालकिन बुढ़िया भी बहुत बदमाश है। जरा-सी देर हुई नहीं कि

हल्ला शुरू कर देगी। अरे बाबा, दूसरे की गुलामी है, देर-सवेर तो हो ही जाती है। मैं चाहती थीं कि बाहर वाली सीढ़ियों से आना-जाना करूँ ताकि वह डिस्टर्ब न हो, पर मोटी ने उसमें ताला ठोंक दिया है।

'नहीं, इधर से ही मकान में आना-जाना करना, उधर से किसको उठा लाओगी—रात-बिरात। बदनाम हम होंगे। तुम अकेली-वकेली का क्या ठिकाना?'

'अरे, क्या समझती है मुझे? किसको उठा लाऊँगी? ठीक है, बताती हूँ तुझे। आऊँगी-जाऊँगी तेरी ही तरफ से। देर होने पर तेरी बकबक ही सुननी पड़ेगी न, सुन लूँगी। और मैं किसको लेकर आती हूँ। अगर ऐसी कोई कोशिश भी की ना मैंने तो तेरी ही आँखें पहले फटी रह जाएँगी। तुझे क्या पता, कौन-सी गोटी मेरे हाथों में है? जिस दिन पता चला न—होश उड़ जाएँगे।'

अकसर बुढ़िया से खीजकर उसे सैकड़ों गालियाँ दे लेती हूँ, पर खाना एकदम टाइम से भेजती हैं और बड़े सलीके से। पर मैं क्या करूँ, यह राजमा-रोटी···यह बीन की सब्जी। उफ!

'माँ, कब खाऊँगी तुम्हारे हाथ का मछली-भात।'

बिहार के छोटे-से शहर के छोटे-से घर में विधवा माँ, स्कूल में पढ़ते दो छोटे भाई, कॉलेज जाती एक बहन और मुझसे दो साल बड़ा एक आवारा भाई, जो खाते समय रोज आकर दरवाजे पर बैठ जाता था। गालियों के साथ ठेल देती थी माँ थाली में थोड़े-से उबले चावल, एक बैगन की भाजी और ढेर सारा नमक।

फिर एक दिन मेरा वह भाई खाने के समय ढीठ की तरह आकर दरवाजे पर नहीं बैठा। माँ ने गालियों के साथ उसके हिस्से का भात परोसा था, उसे लिए बैठी रही। दोपहर से शाम हो गई, वह नहीं आया। दूसरा दिन और फिर तीसरा दिन बीत गया, वह नहीं आया। माँ की जीभ गालियाँ देते और आँखें आँसू बहाते-बहाते थक गईं। पर वह नहीं आया।

एक दिन कॉलेज में किसी के मुँह से सुना।

'अरे, निमाई को तो अंडरग्राउंड होना पड़ा···एक्टिभ मेंबर का तो···' उनकी बात आधी सुनी थी, पर मैं पूरा समझ गई, वे लोग प्रोफेसर नंदी की चेलिनें थीं। प्रोफेसर नंदी नामी वामपंथी और हैंडसम प्रोफेसर थे। छात्र-छात्राएँ उनकी विचारधारा से कम, उनके व्यक्तित्व से अधिक प्रभावित थे। शायद शहर में उनका घर उनके साथियों का गुप्त मिलन-स्थल भी था।

मैंने माँ से कुछ नहीं कहा। कहकर फायदा भी क्या था? कौन-सा वो हमारी रोटी का जुगाड़ करता था कि उसके खो जाने से घर पर पहाड़ टूट पड़ता। पहाड़

भले न टूटा, पर माँ की आँखों में अनेक दूसरे अभावों के साथ एक और अभाव का भयंकर खालीपन गहरे कुएँ के मुँह की तरह झाँकने लगा था।

मैं क्या करती? मेरे अपने दुःख थे, अपने अभाव थे और उनसे जूझने की प्रवृत्ति और प्रयास भी। घर में दो-दो जवान बेटियाँ थीं। ढेरों काकू और दादा आते रहते। क्रोध से जी जलता तो अपमान कर देती। जिस दिन छुटकी का प्रेम-पत्र पकड़ा था, इतने थप्पड़ उसे मारे थे मैंने कि मेरी हथेली जलने लगी थी।

'मूरख कहीं की—वक्त कहाँ है तेरे पास प्रेम-व्रेम करने के लिए? और फिर ये आई०ए०, बी०ए० में पढ़ने वाले छोरे क्या देंगे तुझे? फिर यही दरिद्र जीवन? दुर!'

छुटकी के कानों में रात-भर मंत्र फूँकती रही—'तुझे पढ़ना है। एक अच्छी नौकरी करनी है। और अगर ब्याह ही करना है तो प्रेम-व्रेम करके किसी कँगले के साथ नहीं, उचित व्यक्ति के साथ।'

और उचित व्यक्ति की परिभाषा भी उसे बताई थी। पता नहीं अभी वह क्या कर रही होगी? यह एक वर्ष से इस महानगर का जीवन, कुछ बीता, कुछ आने वाला, कुछ भी तो सोचने का अवकाश नहीं देता। बस, यहाँ आज का दिन होता है और आज की रात।

मकान मालकिन खाने पर साथ नहीं बुलाती, नौकर से खाना कमरे में भेज देती है। खाना देखकर भी जैसे भूख नहीं जागती। यह पतली करी का राजमा और मोटी-मोटी रोटियाँ। कराह निकल जाती है। माँ बहुत अच्छी रसोई बनाती हैं। उनके हाथ का बना वह सादा-सूदा खाना भी···पता नहीं क्यों आज—आज यह खाना खाने को जी नहीं होता? क्यों···क्यों माँ···क्यों आज तुम्हारी याद इतनी अधिक आ रही है?

थोड़ा-सा रो लूँ। आँखें भारी हैं। शायद आँसू की बूँद के साथ यह भारीपन बह जाए। तकिए में चेहरा छुपा लूँ। फफक लूँ थोड़ा।

मेरी सारी कोशिश व्यर्थ रही। मेरी आँखें सूख गई हैं। सूखे आँसू गले और माथे की नसों के बीच अटक गए हैं। जानती हूँ, आज फिर सिरदर्द की शिकायत होगी और सारी रात इस छोटी-सी बरसाती में टहलते हुए गुजरेगी।

बुढ़िया बहुत तंग करने लगी है। नई जगह तलाश करनी होगी। दफ्तर के साथियों से तो कह ही दिया है, पर मुझे खुद समय नहीं मिल पाता। संडे को कपड़े धोने-सुखाने, आयरन करने और कमरा साफ करने में वक्त निकल जाता है। नहीं, कोई उपाय तो करना ही होगा। लेकिन उपाय करूँ भी तो क्या? दो हजार से नीचे

कहीं कोई कमरे की बात हीं नहीं करता। इतना किराया दे दूँगी तो घर क्या भेजूँगी? क्या खुद खाऊँगी-पीऊँगी?

कल रात इतनी देर भी नहीं हुई थी। प्रीत और नील मिल गए। प्रीत ने ही यह नौकरी दिलवाई है। नौकरी क्या उसके तो इतने अहसान हैं कि पूरी जिंदगी-भर मैं कोशिश करूँ तो अदा नहीं कर सकती। छोड़ो, उसके एहसान सोचने लगूँगी तो फिर वही लिजलिजी कस्बाई लड़की बन जाऊँगी।

फिलहाल जब वह मिली, तो उसके साथ थोड़ा ठहरना तो था ही। एक रेस्तराँ में बैठकर कॉफी पी। फिर बातों ही बातों में उसने घर चलने का प्रोग्राम बना लिया। अब मैं कैसे मना करती? रास्ते में ही प्रीत ने कहा—"चल, आज कुछ पका-पकाया लेकर चलते हैं तेरे घर, वरना तेरी बुढ़िया राजमा-रोटी खिलाएगी, वह भी दस गाली देकर।" उसने मिसेज शर्मा की नकल में मुँह बनाकर कहा।

"पहले से नहीं बताया कि ज्यादा थाली चाहिए।"

"मैं क्या बताती कि बुढ़िया ने तो किसी को लाने से ही मना किया हुआ है।" बहरहाल सीढ़ियों पर ही रणचंडिका बनी वह खड़ी थी, आँखें गुड़ेरती।

दरवाजा खोल दिया। कुछ बोली भी नहीं, पर चेहरे की मुद्रा बता रही थी कि 'लेगी वह बाद में रानी तेरी खबर।'

कमरे में घुसते ही प्रीत की हँसी-मजाक शुरू हो गई। हँसते-हँसते, बातें करते बहुत देर हो गई। बहुत दिनों बाद मेरे कमरे की मनहूसियत खत्म हुई थी। ग्यारह बजे हमने खाने की पैकिंग खोली, बारह बजकर तीस मिनट पर वो लोग गए। सीढ़ी का दरवाजा बंद करके मैं मुड़ी ही थी कि मिसेज शर्मा यानी मेरी मकान मालकिन सामने खड़ी थी।

"यह सब यहाँ नहीं चलेगा। आधी रात तक गोष्ठी जमानी है तो दूसरा ठिकाना ढूँढ़ो और खाना बाहर से लाना था तो मुझे पहले से खबर क्यों नहीं की? मेरा खाना बरबाद किया।"

जवाब तो कुछ नहीं दिया, जवाब देती तो बात शायद बढ़ जाती। मैं चुपचाप अपने कमरे में चली गई।

'अरे, कमरा तो मुझे भी पसंद नहीं। ना ही तुम्हारी खूसट सूरत। पर क्या करूँ? यहाँ तो दो हजार से कम में कोई कमरा भी नहीं देता। वह भी सिर्फ कमरा, खाने-पीने की व्यवस्था खुद से करनी होगी। सारे पैसे इसी में खर्च हो जाएँगे तो घर क्या भेजूँगी?' बड़ा क्रोध आ रहा था बुढ़िया पर। पर घर उसका था, नियम-कानून उसी के चलने थे। अनजाने ही सीने से एक गहरी साँस निकल

आई। अपनी विवशताएँ बहुत तोड़ती हैं। और मैं सोए से उठ बैठी। सामने टँगे आईने पर नजर गई। माथे पर दो गहरे बल उभर आए थे। लेकिन सच, ये आईना बड़े काम की चीज है। आईने ने चुपके से कहा, 'तू क्यों साँस भरे। साँस तो भरे वो जो खूट-खाट करे।' और मैंने अपने सिर को झटका कि सोच को झटक दूँ और सो जाऊँ, तो जूड़े में लपेटे हुए बाल खुलकर कमर से नीचे जमीन पर काली माँ के केश की तरह बिखर गए। मैंने होंठों को गोल किया—केशों को दुलारा और फिर उसमें सिर छुपाकर सोने की कोशिश करने लगी। नींद आँखों से भाग चुकी थी। एक डर मन से निकल नहीं रहा था। बुढ़िया अब रोज चख-चख करेगी। कच-कच, खच-खच से जी बहुत घबराता है। लेकिन नींद को बुलाना जरूरी था, वरना कल दफ्तर में जम्हाई आएगी। तो खिंचाई होगी। और नींद को पास बुलाने के लिए कुछ तय करना जरूरी था। और मैंने तय किया।

'नहीं छोड़ूँगी मिसेज शर्मा तुम्हारा कमरा, देखूँ तुम क्या कर लेती हो?'

फिर मैंने कमरे की बत्ती ऑफ की और सब कुछ भूलकर सो गई।

रात देर से सोई थी, पर सुबह नींद जल्दी खुल गई। कमरे के आगे थोड़ी-सी खुली जगह थी। उसे मैं टैरेस कहती थी। टैरेस पर धुँधली-सी भोर थी और मीठी-मीठी ठंड की खुनक लिए प्यारी-सी हवा मद्धिम-मद्धिम बह रही थी। देर से सोने के कारण माथे में भारीपन था। हवा ने धीरे-धीरे उसकी जगह एक नई ताजगी भर दी। नीचे लॉन में दोनों पिता-पुत्र झरने से गमलों में पानी दे रहे थे। मिसेज शर्मा फेनिशिंग पर लगे सदाबहार के सफेद फूल तोड़कर अपनी फूलों की डलिया भर रही थी। उसके बाद वह कम से कम एक घंटे पूजा करेगी। तब तक नौकर नाश्ता बनाकर टेबल पर लगाएगा। ईर्ष्या हुई। क्या मस्त जिंदगी है। दुःख-अभाव की कोई छाया तक नहीं। माँ याद आ गई। सुबह बासी कपड़े उतारकर पहले हाथ में झाड़ू उठाती थी। फिर चौका-बासन, पोंछा, फिर वही तीता-मीठा कुछ रसोई पकाती तब जाकर वह नहाती, पूजा करती। घड़ी की सुइयाँ तब तीन-चार बजा रही होतीं।

रवि की नजर मुझ पर पड़ चुकी थी, वह झरने से गमले में पानी डाल रहा था, पर उसकी नीची निगाहें अनमनी हो चुकी थीं और रह-रहकर टैरेस की ओर उठ रही थीं। मुझे हँसी आई। और मैं फिक् से हँस पड़ी। बंगालन की जादू-भरी हँसी! वार खाली नहीं जाना था और गया भी नहीं।

'बुढ़िया ने एक महीने का अल्टीमेटम दिया है न! ठीक है, एक महीने में उसी के सीने पर अपने नए घर की आधारशिला रखूँगी। हूँ हः अपने सुखी-संपन्न

होने, घर की मालकिन होने का इतना गर्व? अरे, हमें भी एक छत की जरूरत है। अपनों के दो बोल की जरूरत है। लेकिन हम दुनिया से शिकायत नहीं करतीं। चुपचाप अपनी आधी जरूरतों का गला घोंटती रहती हैं। पर रहने को छत तो चाहिए। तुम तीन प्राणी इतने बड़े घर में रहो…कमरे खाली-खाली पड़े रहें और हम सड़कों पर एक कमरे के लिए मारी-मारी फिरें? पल-भर को बेरोजगार निमाई दा याद आया। पता नहीं कहाँ होगा? पूरे समाज पर अपनी वितृष्णा की मौन कीचड़ उछालता?

दफ्तर जाते समय बस की लाइन में खड़ी थी कि बाइक लेकर बगल में रवि आ खड़ा हुआ।

"चलिए, मिस मजूमदार, मैं उधर ही जा रहा हूँ, आपको भी छोड़ दूँगा।"

होंठों पर आ गई मुस्कान को दबाते हुए मैंने पूछा—"तुम्हारा दफ्तर तो इधर नहीं है?"

"हाँ, अभी दूसरे काम से उधर जा रहा था।"

मेरे होंठों की मुस्कराहट मन के भीतर गाल के दोनों छोरों तक फैल गई। ऊपर से धन्यवाद की हँसी बिखेरती हुई उसकी बाइक पर उसकी कमर में बाँहों का ऊष्म घेरा डाल बैठ गई। बाइक अपनी मंजिल तय कर रही थी और मैं अपनी।

सोचा, माँ को खत लिखूँ कि 'माँ, ये सब सोचा नहीं था, पर यहाँ रहूँगी तो इस तरह के न जाने कितने पापड़ बेलने पड़ें? ला सकी तो तुमसे मिलाने लाऊँगी—कभी तुम्हारे शिशु दामाद को।'

मिसेज शर्मा ही कहूँ तो ठीक रहेगा। खूसट कहने से अपने मुँह का जायका ही बिगड़ता है। हाँ, तो मिसेज शर्मा का एटीट्यूड जरा भी नहीं बदला। उस दिन के बाद मुझे देखकर उनके जबड़े कसे ही रहे। औपचारिक हँसी भी मुझे देखकर वह नहीं हँसती। शायद सोचती हो कि हँसी कि फँसी।

एक बार सोचा, बुढ़िया को रुला ही दूँ। शायद उन्हें नहीं पता कि उनकी अनुपस्थिति में मि० शर्मा भी शीला मजूमदार का हालचाल बड़े लगाव से पूछते हैं, कभी-कभी आश्वस्त करते हुए अड़तीस साल की इस बच्ची की पीठ भी थपथपा देते हैं। कई बार मन ही मन बुदबुदाई हूँ।

'बूढ़े, हद में रहा कर।'

पर इससे घर तो मुझे खोना ही पड़ेगा, साथ ही इज्जत का फालूदा अलग निकल जाएगा। बड़ी मछली गले में अटकती है, छोटी तो चबाकर पूरी ही निगल

जाओ। कोर्ट में भी आवेदन दे दिया था। एक महीने का समय उसे भी चाहिए था। और महीना पूरा होने में कोई समय थोड़े ही लगता है। आज पूरा हो ही गया। जानती हूँ, सुबह से मिसेज शर्मा बरसाती में आ-आकर लौट रही होंगी। बड़ा-सा ताला उनका मुँह चिढ़ा रहा होगा। मैं सुबह से ही निकल गई थी। प्रीत और नील को भी साथ लेना था। विटनेस के लिए उनकी उपस्थिति आवश्यक थी। वैसे भी उनके अलावा इस शहर में मेरा अपना कौन था, जो मेरे सुख-दुःख में शामिल हो। प्रीत ने अकेले में वही प्रश्न पूछा, जिसकी मैं उम्मीद कर रही थी।

"लगभग आधी उम्र का फर्क है, यह दूरी तय कर सकेगी?"

"कर लिया है ना प्रीत, यह बंगालन की चमड़ी है, इस पर उम्र फिसल जाती है, उसके बूढ़े होने तक मैं युवा रहूँगी...वो तो मेरा 'सोना माणिक' बनके रहेगा, संरक्षक भी और आशिक भी।

"इतना विश्वास है?" प्रीत ने पूछा। उसकी आँखों में अविश्वास था।

उसका अविश्वास देख मुझे हँसी आई। कितनी पागल है! हमारी जिंदगी तो आज पर चलती है। कल जो होगा, देखा जाएगा। आज तो सिर से छत न छिनेगी। शायद जिंदगी कुछ अधिक सुविधाजनक हो जाए, शायद घर कुछ अधिक पैसे भेज सकूँ। और फिर क्या मेरे देह-मन की कोई जरूरत नहीं? मैंने प्रीत को नजर भरकर देखा और हँस पड़ी। खुशी और विश्वास से भरी हँसी।

घर लौट आने तक शाम हो गई थी। आज फिर हमारे हाथों में खाने के पैकेट थे। बस, आज़ हमारी संख्या तीन से चार हो गई थी।

ताला खुलने की आवाज मिसेज शर्मा ने जरूर सुनी होगी। आती ही होंगी, लेकिन हम सभी बहुत खुश थे। और आने वाली स्थिति से निपटने को तैयार भी। हमने म्यूजिक ऑन कर दिया। चारों उसकी धुन पर उलटे-सीधे थिरकने लगे। हमें होश आया तब जब किसी ने आकर म्यूजिक ऑफ कर दिया।

म्यूजिक ऑफ तो कर दिया, पर मिसेज शर्मा कुछ बोल नहीं पाईं। पल-भर के लिए उनकी आँखें पथरा गईं। रवि को देखकर।

मैंने उन्हें दूसरा झटका दिया। रवि के साथ आगे बढ़कर उनके पाँव छू लिए।

वे वहीं पलंग पर धप्प से बैठ गईं। प्रीत ने फिर से म्यूजिक ऑन कर दिया और नील ने मिठाई का डब्बा खोल दिया।

('न्यूज ब्रेक')

खंड-खंड पाखंड

"मैं तुम्हारी कौन हूँ रोहन?"

"मेरी स्त्री।"

"स्त्री? यानी पत्नी? वह तो मैं नहीं हूँ।"

"पत्नी नहीं—स्त्री। पत्नी तो कोई भी स्त्री हो सकती है, तुम्हारी मैंने याचना की है। तुम मेरी याचिता हो। और पुरुष की याचिता स्त्री ही उसकी स्त्री होती है। तुम···सिर्फ तुम हो मेरी स्त्री।"

वह भावावेग में आ गया, पर मेरे मन में प्रश्न था और वे काँटे की तरह मुझे चुभ रहे थे। मैंने फिर पूछा, "लेकिन रिश्ता क्या है हमारे बीच?"

"वही जो परम पुरुष ब्रह्मा ने रचकर भेजा है···औरत और मर्द का आडंबरहीन पुनीत रिश्ता···जिसके साथ किसी नाम के छल की जरूरत नहीं। आदमजात खुली देह की तरह निरावरण रिश्ता! शिशु की तरह पाक और निश्छल।"

उसके भावभरे भीगे शब्दों के प्रवाह में मेरा प्रश्न लड़खड़ाया। पर अनुत्तरित था अभी, सँभल गया। लड़खड़ाते-लड़खड़ाते ठहर गई। मैंने पूछ लिया, "लोग जानेंगे तो क्या कहेंगे मुझे···तुम्हारी मिस्ट्रेस···तुम्हारी दासता?"

पीड़ा से विद्रूप हो उठा उसका चेहरा, पर अकूत धैर्य है उसके पास। स्वयं को नियंत्रित कर लिया उसने। कहा—"पुरुष-प्रधान समाज में इस प्रश्न का उठना स्वाभाविक है, पर तुम भी यह पूछोगी—यह नहीं सोचा था।" उसने आगे पूछा, "दासता के अर्थ से तुम अनुमान नहीं लगातीं? क्या हम दोनों एक-दूसरे की दासता में बँधे हैं?"

रोहन की आवाज भर्रा गई थी। वह कहता गया—"आकुल रहता हूँ मैं, पर महीनों एकांत में दो पल तुमसे बातें नहीं कर सकता···तुम्हें छू नहीं पाता। तुम्हारे सपने आरोपित करता हूँ पत्नी में, पर उसे बाँहों में लिए सपनों के ताबीर को तरसता हूँ।"

मैं चुप हो गई। वह भी चुप हो गया। मेरी गोद में सिर रखकर देर तक छत को घूरता रहा। हम दोनों के अपने-अपने प्रश्न थे। अपनी-अपनी समस्याएँ थीं।

और चुराए हुए क्षण बहुत थोड़े-से थे। जिसमें आधे से अधिक व्यर्थ की बहस में हमने नष्ट कर दिया था और बाकी हमें नष्ट नहीं करना था। रोहन के स्नेह की नर्म फुहियाँ मुझ पर बरसने लगीं। जैसे बरसात की पहली फुहार हो···उत्तप्त धरती का धुआँ ऊष्म था। ऊपर से गिरती फुहार शीतल सुखद। एक सोंधी गंध नथुनों में थी। नशे में पलकें बंद हो गई थीं। और छोटा-सा एकांत क्षितिज पर इंद्रधनुष रचकर खत्म हो गया।

शांभवी अकसर कहती है—"तू झूठ जी रही है।"

मुझे भी लगता है। मैं विवेक के पास भी झूठ हूँ और रोहन के पास भी। लेकिन दो टूक यह कह देना भी झूठ है। विवेक मुझसे खुश है। संतुष्ट है वह। उसकी भावनाएँ, मुझसे उसकी चाहतें, उसके घर, किसी को भी मैंने कभी ठेस नहीं पहुँचाई। बस, यह मैं ही हूँ जो किसी दिन विवेक को प्यार नहीं कर सकी, स्वीकार नहीं कर सकी। पर उसे समर्पित होती रही। वह जैसे अपने घर की कुर्सियों पर बैठता है। आईने में अपना चेहरा देखता है। बिस्तर पर सोता है। वैसे ही मुझसे उसने बच्चे पैदा किए। अपना घर सजाया। दोस्तों में गौरवान्वित होता है कि वह एक सुंदर सजे घर का मालिक है, जहाँ एक सुंदर-सुघड़ पत्नी और अनुशासित बच्चे हैं।

पर आत्महिंसा का अधिकार तो ईश्वर ने मुझे नहीं दिया है। क्या दूसरे का खून खून है, अपना खून पानी। उन्हें दुःख न पहुँचे, इसलिए मैंने स्वयं की उपेक्षा करके उन्हें सुखी किया। उन्हें सुखी करते हुए मैंने अनवरत अपना खून जलाया। यह क्या हिंसा नहीं? माना मैंने गलती की। विवेक मेरे पिता की पसंद थे। मैंने उन्हें सहर्ष अपना लिया था कि समय के साथ उन्हें अपनी पसंद बना लूँगी।···नहीं बना सकी। पर मैंने लंबी कोशिश की। शायद प्रेम का कोशिश से कोई रिश्ता नहीं।

शांभवी इसे प्रच्छन्न व्यभिचार कहती है। शायद समाज और कानून के नीतिशास्त्र भी इसे ऐसा ही घोषित करें···पर शांभवी, तू तो ऐसा मत कह। तू जानती है···यह व्यभिचार नहीं।

किस आरोप के आधार पर विवेक से अलग हो जाऊँ? कौन-सा झूठा आरोप तलाश करूँ? और क्यों झूठा आरोप लगाऊँ? तो सच की लाठी उसके सिर पर पटककर उसे लहूलुहान कर दूँ तब जबकि उसके पास मरहम-पट्टी करने वाली

सिर्फ मैं ही हूँ। नहीं, मैं यह भी नहीं कर सकती। और फिर उसके साथ इसके घर के निर्माण में मेरा भी योगदान है। क्यों तोड़ूँ इसे? क्यों कर दूँ अपने बच्चों को अपने पिता के प्यार से वंचित? मैंने देखा है, टूटे परिवारों के बच्चों को। नहीं, मैं ऐसा नहीं कर सकती। क्या हर्ज है, जो इनके फर्ज के साथ थोड़ा-सा समय मैं अपने लिए चुरा लूँ?

आखिर मैं भी क्यों वंचित रहूँ पूरी जिंदगी, जिंदगी के ही स्वाद से? मैं झेलती हूँ विवेक का प्यार। उस तक जाते-जाते मेरी शिराओं का उबलता लहू जम जाता है। दवा के कैपसूल की तरह विवेक अँतड़ियों में उतरते हैं। कोई स्वाद नहीं। कोई सिहरन नहीं। जिह्वा छटपटाती तो रहती है। गले से क्या उतरा? खारा···या मोठा? पेट की भूख कैपसूल से मिट सकती है, पर मन? मन का क्या होगा? उसे जानने की कोशिश किस मानवशास्त्र के अनुसार अपराध है? व्यभिचार है?

शांभवी बार-बार टोकती है मुझे। उस दिन कहा कि रोहन अपनी पत्नी को प्यार करता है।

शांभवी सच कहती है। यह बात मुझे भी चुभती है। मैं अगर विवेक को प्यार करती तो रोहन कभी मेरी जिंदगी में नहीं आता। रोहन मेरी इस बात पर अकसर आसमान या छत को घूरने लगता है। अब कहता है—मैंने भी तो कोशिश ही की थी···और फिर वह मेरे बच्चों की माँ है···मेरे साथ मेरे सुख-दुःख की हिस्सेदार।

रोहन की पत्नी रोहन की मिल्कियत है। उसकी अपनी। और अपनी वस्तु के संतोष और गुरूर से आदमी अभी कहाँ मुक्त हुआ है?

पर यह सब तर्क क्यों? थोड़े शब्दों में मेरी तरह वह भी अपने परिवार से जुड़ा है।

दरअसल जितना बड़ा दर्द होता है, मनुष्य की लाचारियाँ भी उतनी बडी होती हैं। ऐसा न हो तो जीवन दर्द से हार जाए। हम दर्द से जूझते हैं और जीने के रास्ते तलाशते हैं।

शांभवी, तुझे तोड़ना आता है। तू नया बनाने के पहले पुराना तोड़ती है। और मैं तोड़ने से डरती हूँ। उन्हें बनाए रखने की कोशिश करती हूँ। इसलिए जीवन में नया कुछ भी न बना सकी। क्योंकि मुझे लगता है कि सिर्फ कह देने मात्र से या किसी कानूनी प्रक्रिया से ही कुछ भी टूटता नहीं। आसपास की हवा में उसकी गंध बनी रहती है। उसकी दृश्यता औरों की दृष्टि से ओझल होती है, पर जिसका रिश्ता होता है, उसकी आँखों में अधिक स्पष्ट होकर इस तरह छाती

है कि सामने का उपस्थित दृश्य अपनी यथाच्छवि से उसे परिचित भी नहीं करा पाता। और अगर ऐसा ही है तो मैं क्यों तोड़ूँ?

शांभवी मेरे तर्कों पर चुप हो जाती है। उसका नया पति भालेराव अक्सर अपनी पुरानी पत्नी और बच्चों से मिलने जाता है। खुद शांभवी ने बताया था कि उसकी पूर्व पत्नी अभी तक उसी के नाम पर बैठी है। और उसी के नाम पर उम्र काट देने का उसका फैसला उसके ईगो को शांभवी के प्यार और समर्पण से ज्यादा संतुष्ट करता है···वह दो छोरों में बँट गया है।

ऐसा ही है शांभवी, कुछ भी टूटता नहीं। मैं रोहन के बिना नहीं जी सकती। भले ही वह वसंती हवा की तरह मेरी गात को सहलाकर निकल जाता है। मैं विवेक से दूर नहीं हो सकती। उस वटवृक्ष के तले मेरा परिवार साँसें ले रहा है···मैं कुछ भी तोड़ नहीं सकती। तुम कहो तो कह लो कि मेरा जीवन खंड-खंड पाखंड है। मैं कहूँ तो और कुछ नहीं, बस, रात और दिन का जीवन-चक्र है। रात की शीतल नम बाँहों में एक पूरी साँस लेकर दिन के उजास में नई ऊर्जा के साथ जीवन से जूझने की एक प्रक्रिया।

पर मेरे भीतर कुछ थरथराता है। धीमी-धीमी आवाज में कोई सिसकता है। सच की आँच में कोई गीली लकड़ी धुआँ-धुआँ सुलगती है। शायद दादी और माँ की दी हुई सीखें, पर जिंदगी भी तो बार-बार नहीं मिलती। अगर आज वे होतीं तो शायद उनकी सीखों का स्वरूप कुछ और होता।···या नहीं भी होता···तो? जिंदगी तो मेरी है, क्या इसे अपने हिसाब से जी नहीं सकती?

('हिंदुस्तान')

पहला दिन

संयुक्ता ने शेकहैंड के लिए दायाँ हाथ आगे बढ़ाया और बोली, "यहाँ सेक्रेटरी के पद पर उसकी नियुक्ति हुई है।"

सामने रिवॉल्विंग चेयर पर बैठे प्रौढ़ सज्जन क्षण-भर उसका हाथ पकड़े कुछ सोचते रहे, फिर पूछा, "संयुक्ता अग्रवाल?"

"यस सर!"

और प्रौढ़ सज्जन ने उसे बगल की कुर्सी की ओर इशारा किया। छोटा-सा 'थैंक्यू' उछालकर वह बैठ गई।

सेक्रेटरी का जॉब स्वीकार करने के पहले उसने बहुत सोचा-विचारा था। उसके दोस्तों ने उसे तरह-तरह से डराया था, लेकिन यह जॉब उसे आसानी से मिल रही थी। यह प्रौढ़ सज्जन यानी चंद्रशेखर बजाज पार्थ अंकल के मित्र हैं, इन्हें एक कुशल और शार्प ब्रेन की लड़की सेक्रेटरी के तौर पर चाहिए थी, जो उन्हें कॉफी पिलाने से लेकर उनकी दफ्तरी उलझनों पर भी विमर्श कर सके। पार्थ अंकल ने संयुक्ता की सिफारिश उससे पूछे बगैर ही कर दी। प्रारंभिक फॉरमैलिटीज भी उन्होंने ही पूरी की और एंप्लायमेंट लेटर लाकर संयुक्ता के हाथ में दे दिया। इस तरह रसगुल्ले की तरह हाथ में टपक आई नौकरी को इनकार करना मूर्खता होती और संयुक्ता मूर्ख नहीं। शुक्रवार को पार्थ अंकल ने उसे लेटर दिया। और सोमवार को उसे ज्वॉइन करना था। दो दिन उसके उधेड़बुन में कटे।

इस तरह के बूढ़े बॉसों के विषय में, उनकी कुंठाओं के विषय में, तरह-तरह की कहानियाँ उसने सुनी थी। थोड़ा डर लग रहा था। मगर सोचा, चलो देखते हैं। और अभी—वह मि० बजाज के बगल वाली कुर्सी पर बैठी है।

मि० बजाज ने उससे आगे कुछ नहीं पूछा, बस, अपने आगे लगे फाइलों के ढेर से एक-एक फाइल खींचकर निकालते, देखते और दस्तखत करते जा रहे थे।

संयुक्ता एक घंटे तक चुपचाप अपनी कुर्सी पर बैठी रही। फिर कसमसाने लगी। कैसा बॉस है? एक बार मुड़कर भी नहीं देखता कि कमरे में कोई और भी है। फीमेल परफ्यूम की सुगंध उड़-उड़कर नथुनों में पहुँच रही होगी, फिर भी जैसे

किसी की उपस्थिति का अहसास ही नहीं। अरे, वह सेक्रेटरी के तौर पर पहली बार आई है। उससे कुछ तो पूछना था। कहाँ से पढ़ी? कौन-कौन-सी डिग्रियाँ हैं? वगैरह-वगैरह? विचित्र व्यक्ति है। या हो सकता है, जानबूझकर अपने को व्यस्त दिखा रहा हो पहला इम्प्रेशन डालने के लिए। संयुक्ता तरह-तरह से सोच रही थी और मुँह बना रही थी।

आज उसका पहला दिन था। उसे बॉस के बारे में कुछ नहीं मालूम। बॉस का क्या स्वभाव है? उसकी क्या पसंद है? सच, उसे ये बातें पार्थ अंकल से पहले पूछ लेनी चाहिए थीं। तब वह बॉस के बारे में कुछ सही अंदाजा लगा सकती थी।

संयुक्ता की बेचैनी से बेखबर बॉस अपनी फाइलों में अभी भी व्यस्त थे। एक घंटे बाद फाइलें खत्म हुईं तो बॉस ने घंटी बजाई। चपरासी आया। उससे दो कॉफी मँगवाईं। संयुक्ता ने फिर बुरा-सा मुँह बनाया। बॉस ने उससे पूछा भी नहीं कि वह कॉफी पीती है या नहीं और दो कॉफी मँगवा ली, उसे कॉफी बिलकुल अच्छी नहीं लगती। अब भला वह ना कैसे कहेगी? ना कहना अशिष्टता होगी। बॉस तब तक फोन पर बिजी हो चुके थे।

संयुक्ता को यह सब अपनी उपेक्षा लग रही थी। अरे, एक-डेढ़ घंटे से वह बैठी है। उसे कुछ काम देना था। नहीं तो कम से कम काम के विषय में कुछ पूछना या बताना ही चाहिए था, लेकिन क्या करे, नौकरी करने आई है तो जैसी स्थिति आएगी उसे उसके अनुकूल व्यवहार करना ही पड़ेगा यानी उसे झेलना ही पड़ेगा।

वह बैठी-बैठी चपरासी की प्रतीक्षा करने लगी कि अब वह आएगा और कड़वा-कड़वा कुछ लाएगा और वह कड़वी-सी चीज उसे पीनी पड़ेगी। चपरासी की ज्यादा प्रतीक्षा नहीं करनी पड़ी। वह शीघ्र ही आ गया। ट्रे में कॉफी पॉट, शुगर पॉट अलग-अलग रखा हुआ था। अब क्योंकि वह सेक्रेटरी है, उसे उठकर पूछना होगा।

'एक्सक्यूज मी सर, आप कितनी शुगर लेंगे?'

बॉस बताएँगे 'दो चम्मच' तो वह दो चम्मच शुगर डालकर उनके लिए कॉफी बनाएगी। पर उसका सोचा हुआ रखा रह गया। उसे कुछ नहीं करना पड़ा। चपरासी ने बिना कुछ पूछे, बिना शुगर की कॉफी बॉस की ओर बढ़ा दी और उससे पूछा, "कितनी शुगर?"

वह कैसे बताती कि वह कितनी शुगर लेगी, उससे पहले तो कभी कॉफी पी ही नहीं। कड़वी होगी, इस संभावना से उसने कह दिया—"दो चम्मच।" चपरासी

ने कॉफी बनाकर उसके टेबल पर रख दी। अब उसे कॉफी पीनी थी। उसने फिर से एक बार बुरा-सा मुँह बनाया। कैसा बॉस है? चपरासी से कह सकता था—

'तुम जाओ, यह कॉफी बना लेंगी' लेकिन नहीं, कितने प्रेम से बिना शुगर की कॉफी पी रहे हैं। बॉस को स्वाद लेकर कॉफी पीते देख उसने भी कॉफी का मग होंठों से लगाया, सच में कड़वा। वह हर घूँट के साथ पार्थ अंकल को गाली देने लगी, लेकिन पूरा मग पी गई। उसने सोचा, इतनी देर में उसने पार्थ अंकल को कितनी गालियाँ दी होंगी, शायद बीस-पच्चीस तो जरूर। यानी मौका पड़ने पर गालियाँ देने की तालीम भी उसे है। अच्छी सेक्रेटरी में हर प्रकार के गुण होने चाहिए।

मुँह बनाते-बनाते अचानक उसके होंठ फैल गए।

"यस सर!"

बजाज साहब उसकी टेबल से सटकर खड़े थे, गौर से उसे देख रहे थे। आँखों में चंचलता थी। कुर्सी के नीचे संयुक्ता के पैर थरथराने लगे। झट से उठकर खड़ी हो गई। मुँह से खुद ब खुद निकल पड़ा—"यस सर!" बॉस कुछ देर उसे यूँ ही देखते रहे। और वह सोचती रही। बुड्ढा उसे देखकर क्या सोच रहा होगा? सोचता होगा, 'मेरी सेक्रेटरी खूबसूरत है' लेकिन संयुक्ता के सोचों के वाचाल होने के पहले ही बॉस के गले से गुरु गंभीर स्वर फूटा।

"मैं बाहर निकल रहा हूँ, जब तक न लौटूँ, यहीं रुकना। फोन कॉल्स आएँ, उन्हें रिसीव करना और मैसेज नोट कर लेना।"

"यस सर!" बिना कुछ सोचे-समझे उसके मुँह से निकला, मानो सेक्रेटरी होने की तो उसकी जन्म से आदत है। 'यस सर' उसके मुँह में बैठा हुआ है।

अपनी बात कहकर बॉस मुस्कराए। कोई दोस्त पास में होती तो उसकी कमर पर थाप लगाकर कहती।

'यह साला मुस्काता क्या धाँसू है!' लेकिन पास में कोई नहीं था, इसलिए यही सोचकर रह गई कि बुढ़ऊ की हँसी रहस्यमय है। कितनी बातें उसमें छुपी लगती हैं। और बॉस निकल गया। घड़ी में अभी एक बजकर तीस मिनट हुए थे।

अब वह कमरे में अकेली थी। आराम से अपनी कुर्सी पर अधलेटी हो गई। टेबल के नीचे पैर पसार लिए। अपनी आँखें टेलीफोन पर जमा ली। बीच-बीच में वह घड़ी की ओर भी देख ले रही थी। घड़ी की सुइयाँ इतनी धीरे घूम रही थीं कि संयुक्ता को पल-भर के लिए लगा, उसकी घड़ी तो नहीं खराब हो गई। लेकिन फिर उसने निगाहें फोन पर जमा लीं। ऐसा न हो कि घंटी बजे और वह मिस कर

जाए। उसे हँसी आई, अरे, घंटी बजेगी तो क्या वह आँखों से सुनेगी। फिर उसने अपनी आँखें फोन से हटा लीं। वह थकने लगी थी। पल-भर को उसने आँखें बंद कीं। मगर तुरंत लगा, यह गलत है। सेक्रेटरी को आलसी नहीं, चाक-चौबंद होना चाहिए। कहीं इसी बीच बॉस आ गए और उसे सोता समझ लिया तो?

लेकिन बैठे-बैठे वह ऊबने लगी थी। वह कुर्सी खिसकाकर बाहर निकल आई। छोटे-से केबिन में चहलकदमी करने लगी। फोन की घंटी तब से एक बार भी नहीं बजी थी, उसने हौले से एक बार फोन को देखा और आँखें फेर लीं। केबिन छोटा-सा है, मगर करीने से सजा-सँवरा है। बॉस का एस्थेटिक सेंस काफी अच्छा है। केबिन में दीवारों पर भी पर्दे लगे थे। पर्दे बड़े प्यारे थे। पीले रंग की जमीन पर नारंगी बुंदकियाँ। केबिन की पिछली दीवार पर बड़ा-सा पोस्टर है। उसमें एक जंगल है। जंगल में एक बड़ा-सा पेड़ और पेड़ पर छोटा-सा कॉटेज। पोस्टर के ठीक सामने रिवॉल्विंग चेयर और चेयर के सामने बॉस की बड़ी-सी मेज। जिस पर दो-दो फोन, छोटा-सा कंप्यूटर, एक पेन स्टैंड और प्लेट से ढका शीशे के गिलास में पानी एवं छिटपुट फाइलें कायदे से रखी हुई हैं। बड़ी मेज के बगल में एक छोटी-सी मेज सेक्रेटरी के लिए। संयुक्ता कुर्सी पर जाकर बैठ गई और मुस्कराकर सोचने लगी। और एक खूबसूरत सेक्रेटरी बगल वाली कुर्सी पर।

तभी उसकी सोच को ब्रेक लगी। ऑफिस का कोई बाबू दरवाजा खोलकर फाइल लिए खड़ा था। उसने सोचा, उसे क्या करना चाहिए, उसने कायदे से उससे फाइल ली और बॉस की मेज पर एक ओर रख दी। दोनों में मुस्कराहट का आदान-प्रदान हुआ।

उसने कहा, “मैं चिरंजीलाल, यहाँ का सेक्शन ऑफिसर।”

संयुक्ता भी मुस्कराई और बोली, “मैं संयुक्ता अग्रवाल, बॉस की नई सेक्रेटरी।”

“जानता हूँ।”

इसके आगे दोनों को नहीं सूझा कि क्या बात करें। चिरंजीलाल दो पल खड़ा मुस्कराहट बिखेरता रहा। संयुक्ता भी मूर्खों की तरह होंठ फैलाए खड़ी रही, फिर वह मुस्कराते-मुस्कराते बोला, “चलता हूँ,” और चला गया।

संयुक्ता की एकरसता कुछ-कुछ टूटी।

लेकिन पहले दिन का यह अनुभव बहुत थका देने वाला था। फोन की घंटी बिलकुल चुप थी। वह फिर जाकर अपनी कुर्सी पर बैठ गई। अचानक उसे रंभा की याद आ गई। रंभा भी पहले कहीं किसी दफ्तर में किसी बॉस की सेक्रेटरी थी।

बॉस बड़ा भला था। रंभा को उसके घर से पिक करता था। कभी-कभी क्या प्रायः घर भी छोड़ देता था। मौके-बेमौके होटल भी ले जाता था। रंभा उसकी प्रशंसा करते नहीं थकती थी। लेकिन साल बीतते न बीतते एक दिन बॉस की पत्नी दफ्तर आई और पूरे ऑफिस स्टाफ के सामने उसके बाल पकड़कर बाहर निकाल दिया। और उससे कहा, मुड़कर भी इस दफ्तर को कभी मत देखना। रंभा की पंद्रह दिन की सैलरी बनती थी, उसे भी वह लेने नहीं आई।

संयुक्ता सिहर गई। ना बाबा, वह बस से ही आएगी-जाएगी। बॉस गाड़ी में लिफ्ट देगा तो भी नहीं लेगी। लेकिन बॉस को मना कैसे करेगी? किसी उपाय से टालना पड़ेगा, पर फिलहाल तो वह बुरी तरह बोर हो रही है।

उसने फिर फोन को देखा। दोनों फोन शालीनता के साथ चुप थे। जैसे शहर के सारे लोगों को मालूम पड़ गया था कि मि० बजाज केबिन में नहीं हैं। उसका जी किया, वह दरवाजे का परदा जरा-सा खिसकाकर शीशे के उस पार देखे कि हॉल में क्या हो रहा है। वह धीरे से दरवाजे के पास गई और वैसा किया। पूरे हॉल में मानो चिल्ल-पों मची हुई थी। शीशे के इस पार कोई आवाज नहीं थी। मगर लोगों के हिलते होंठ बता रहे थे कि वे बातें कर रहे हैं। कुछ लोग अपनी चेयर पर बैठे काम भी कर रहे थे, पर उनकी संख्या कम थी। सुबह आते हुए उसने जो व्यवस्थित अनुशासित दफ्तर का माहौल देखा था, वह बिलकुल बदला हुआ था। उनमें कुछ बार-बार केबिन की ओर अँगुली से दिखाकर एक-दूसरे को कुछ बता रहे थे। क्या बता रहे होंगे? शायद···'कमरे में बॉस की सेक्रेटरी अकेली है—खूबसूरत है जी—अरे, पटाखा है, पटाखा' या शायद कुछ और जिसका अनुमान संयुक्ता को हो ही न। उसने धीरे से पर्दा छोड़ दिया। पर्दा अपने स्थान पर व्यवस्थित हो गया। हॉल की भीड़ बाहर ही छूट गई और केबिन में वह फिर अकेली हो गई।

कुछ देर वह अपनी चेयर को देखती रही, उसकी बाँह पकड़कर खड़ी रही। फिर धम-से बैठ गई। सिर को पीछे कुर्सी की पुश्त से टिका दिया। अचानक उसे खयाल आया कि ऑफिस का कोई स्टाफ बंद केबिन में आकर उसका मुँह दबा दे और उसका रेप कर दे तो? उसे हँसी आ गई। कैसे-कैसे बहके खयाल उसे आ रहे हैं। अव्वल तो वह कोई छुईमुई नहीं कि उस पर कोई आसानी से काबू पा ले। दूसरे, किसी दफ्तर में काम करने वाले सभ्य-शिष्ट लोग होते हैं। गुंडे-मवाली नहीं कि लड़की देखी नहीं कि रेप करने को टूट पड़े। शायद वे भी वैसा नहीं करते होंगे। यह सब मनोविकृति के शिकार लोगों का काम है।

और फिर संयुक्ता ने तो अपनी माँ को भी आश्वस्त किया था। पार्थ अंकल

ने कहा था कि 'तुम्हें बॉस के साथ टुअर पर भी जाना पड़ सकता है। उसे इसमें कोई आपत्ति नहीं थी, पर माँ थोड़ा क्या पूरी तरह कुनमुनाई थी। संयुक्ता ने ही माँ को समझाया था और यकीन दिलाया था कि उनकी बेटी कोई कमजोर लड़की नहीं। अपने सामने आई हर स्थिति से भली-भाँति निबट सकती है।

दूसरे, सभी के साथ उलटी-सीधी बात हो ही, यह जरूरी नहीं, वरना दफ्तर में सेक्रेटरी के पद पर लड़कियाँ होती ही नहीं। जबकि इस पद पर अधिकतर लड़कियाँ ही काम करती हैं।

पाँच बज गए। दफ्तर का समय खत्म हो गया, पर फोन की घंटी एक बार भी नहीं बजी। दफ्तर खाली होने लगा। उसने थोड़ा-सा पर्दा खिसकाकर देखा। सभी एक बार केबिन को देखते, थोड़ा-सा मुस्काते और मुड़कर चले जाते। उसने पर्दा छोड़ दिया। उन्हें इस तरह केबिन की तरफ मुस्कराहट फेंक जाते हुए देखने से उसे थोड़ी घबराहट हुई। दिल एक बार असंभावित के लिए धड़का। तभी दरवाजा खुला और चपरासी अंदर आया।

"आप नहीं जाएँगी?"

"नहीं, साहब ने रुकने को कहा है।" उसके उत्तर पर चपरासी ने सिर नीचा कर लिया। वह धीरे से मुस्कराया और बाहर निकल गया। बाहर उसके टूल खिसकाने की आवाज बंद होते दरवाजे से अंदर आई। यानी वह तब तक रुकेगा, जब तक वह रुकेगी। लेकिन सभी क्यों धीरे से मुस्करा रहे हैं? उनकी इस मुस्कराहट का क्या अर्थ है? दिल फिर एक बार धड़का, घबराहट थोड़ी और बढ़ी।

संयुक्ता ने स्वयं को सँभालने की कोशिश की। संयत होने की कोशिश करती हुई वह अपनी चेयर पर जा बैठी। वह अकेली थोड़े ही है। वह जब तक रुकेगी, चपरासी भी रुकेगा। लेकिन चपरासी के रुकने के खयाल से फिर एक डर चोर की तरह सीने में घुस आया, अगर कहीं चपरासी ही बदमाशी पर उतर आया तो? दिल जोर से धड़कने लगा, क्या करे वह? क्या चली जाए? उसका हाथ अपने पर्स की ओर बढ़ा। लेकिन ठहर गया। बॉस ने रुकने को कहा था और आज पहला ही दिन है। पहले ही दिन अवज्ञा कर दे? लेकिन पाँच बजे के बाद रुकना? वह सेक्रेटरी है, उसे दफ्तर के नियम से ज्यादा बॉस की बात माननी होगी। तो क्या गलत बात भी वह मान ले? नहीं, नहीं, ऐसा क्या होता है? उन्होंने रुकने को कहा है। हो सकता है, किसी मीटिंग में हों, आकर तुरंत कुछ ओपिनियंस फाइल करनी हो या दूसरे दिन के लिए कोई डिक्टेशन ही दें।

वरना रुकने को क्यों कहते? और वह इतनी जल्दी घबराने लगी, माँ को तो

आश्वस्त किया, पर खुद का दिल ही चूहे-सा है। इसी उधेड़बुन में उसने आँखें बंद कर लीं। बैठे-बैठे वह बेहद थक भी गई थी। दफ्तर का यह पहला दिन बड़ा उबाऊ था। उसने जम्हाई ली।

वह आँखें बंद किए हुए पैरों को टेबल के नीचे फैलाकर अधलेटी-सी अपनी चेयर पर बैठी थी, अचानक उसे लगा कि कोई लद्द-से उसके बदन पर आ गिरा। उसके दोनों हाथ किसी दूसरे व्यक्ति ने पकड़ लिए। दोनों टाँगें भी किसी गिरफ्त में थीं। होंठों को भी कोई बुरी तरह होंठों से भींच रहा था कि वह चीख भी नहीं सक रही थी। उसकी साँसें रुँध गई थीं। एक अँधेरे का सैलाब उसके भीतर उतरता जा रहा था। वह तूफान में अकेली नाव की तरह लहरों के अट्टहासी झकोरे झेल रही थी। वह उन अट्टहासों को बिना इच्छा, बिना शर्त समर्पित थी। वह अपने इस लाचार समर्पण का विरोध करना चाह रही थी। पर हाथ बँधे थे। पैर बँधे थे। वह रो रही थी। बंद होंठों से चीख रही थी।

वह पसीने से भीग गई थी। छाती पर पड़ा व्यक्ति बहुत भारी था। एक बड़े पर्वत की तरह। वह पर्वत के नीचे दबती जा रही थी। अब क्या होगा? नौकरी का पहला दिन ही सत्यानाशी हुआ। लेकिन उसकी सोच उन लोगों के विचित्र शोर में डूबती जा रही थी। हाँ, वे जंगलियों की तरह अनवरत शोर कर रहे थे। शायद नौकरी का पहला दिन उसका अंतिम दिन हो। इनका विचित्र शोर कम नहीं हो रहा था। वह एलार्म घड़ी की तरह बजे जा रहे थे। वह पर्वत के नीचे दबी अपने हाथ-पैर खींच रही थी। छटपटा रही थी। तभी अचानक उसे लगा, कोई आवाज दे रहा है···कहीं दूर से। पर वह आवाज दूर से नहीं थी। उसकी आँखें खुल गईं। चपरासी उसे आवाज दे रहा था।

"मैडम, फोन देर से बज रहा है।" फोन की घंटी भी बज रही थी। लगातार घंटी बजने की आवाज सुन चपरासी अंदर आया था कि मैडम फोन क्यों नहीं उठा रहीं? उसे सोता पाकर उसे आवाज देने लगा।

वह पसीने से भीगी हुई थी। साँसें तेज-तेज भाग रही थीं। अपने को सँभालकर फोन उठाने में भी वक्त लगा। फोन उठाते ही बॉस की आवाज सुनाई पड़ी। वे नाराज हो रहे थे। इतनी देर फोन बजते रहने से उन्होंने समझा था सेक्रेटरी ने हुक्मउदूली की, पर उसे फोन पर पाकर शांत हुए। उन्हें भी कुछ बातों के लिए अफसोस था। इसके 'सॉरी सर' कहते ही उन्होंने भी एक 'सॉरी' कही। और बताया, उन्होंने पहली बार सक्रेटरी नियुक्त की है। इसलिए यहाँ से निकलते ही वे उसे भूल गए। अभी-अभी उन्हें उसकी याद आई जब वे अपने घर डिनर पर

बैठे और पत्नी ने पूछा कि नई सेक्रेटरी कैसी है?

संयुक्ता के 'इट्स ऑल राइट सर' कहने के पहले ही उन्होंने उसे तुरंत घर जाने को और कल टाइम से दफ्तर आने का आदेश दे दिया। बॉस को वह गुडनाइट कहती तब तक बॉस ने फोन रख दिया।

अब उसकी नजर घड़ी पर गई, साढ़े नौ बज रहे थे। वह चार घंटे सोती रही और उस भयानक सपने से दो-चार होती रही। उसने फुर्ती से अपना पर्स उठाया, कंधे पर टाँगा और निकल पड़ी। चपरासी पीछे दफ्तर बंद करता रहा।

('लोकायत')

कोहरे की छत

मीना जी के जाने के बाद भी कुहेलिका छँटी नहीं, बल्कि और गहरी हो गई। आनंद का दम घुटने लगा, वे बेजुबान कदमों से बाहर निकल आए। माँ, रेखा सभी खामोश उन्हें जाता देखते रहे, हालाँकि सभी पूछना चाह रहे थे कि अभी इस वक्त कहाँ जा रहे हो?

बाहर हवा में नमी थी, अभी थोड़ी देर पहले हो गई बरसात की बूँदें वातावरण में कहीं ठहरी हुई थीं। आनंद ने कसे चेहरे से मौसम को देखा, हवा में ठहरी हुई बूँदों ने हौले से उन्हें छूकर कहा।

'ऐसे मत देखो, पहले मेरी नमी आत्मा में भर लो, अंदर की सारी जलन शांत हो जाएगी।'

लेकिन आनंद ने नजरें झुका लीं। अंदर लपटें धू-धू जल रही थीं। वर्षा की नमी उसे बुझाने के लिए पर्याप्त नहीं थी। पचपन साल की उम्र है उनकी और घर वाले अब भी उन्हें अपने नियंत्रण में रखना चाहते हैं। और घर वाले भी कौन? वे जो खुद उनके सहारे हैं। क्या हुआ जो वह मीना जी को आज घर ले आया? माँ से लेकर बच्चों तक के चेहरे कड़े पड़ गए। मीना जी के प्यार करने पर भी रेवा निश्छल खड़ी रही। उन लोगों ने मीना जी से इस तरह का व्यवहार करके आनंद को अपमानित किया। लेकिन आनंद भी तो इस तरह अपमानित होकर चुप रह गए, कुछ पूछा नहीं माँ से, बच्चों से, कि ऐसा उन्होंने क्यों किया?

शायद आनंद स्तंभित रह गए थे। उन्हें अपने अपनों से इस तरह के व्यवहार की उम्मीद ही नहीं थी, मीना जी एक मेहमान थीं। मेहमान के साथ ऐसा व्यवहार क्यों? मान लिया, मीना जी उन्हें पसंद नहीं आईं, तो क्या अपने मनोभाव तुरंत उनके सामने ही उन्हें प्रकट कर देना था या फिर आनंद क्या उनकी सम्मति से घर में अतिथि लाएँगे? अभी भी उन्हें लौटते हुए मीना जी के थके कदमों की आहट सुनाई पड़ रही थी, जिसमें सिर्फ आश्चर्य ही आश्चर्य था कि 'ऐसा क्यों?'

अचानक आनंद की इच्छा हुई कि घर लौटे और लौटकर पूछे, 'तुम लोगों ने ऐसा क्यों किया?' और वे घर की ओर मुड़ गए। पर घर तक लौटते-लौटते यह

इच्छा मर गई। कोई सही उत्तर नहीं देगा। अपने प्रश्नों से खुद ही खीजकर रह जाएँगे। दरवाजे तक पहुँचे ही थे कि रेवा ने दरवाजा खोल दिया, शायद खिड़की पर खड़ी राह तक रही थी। 'कहाँ चले गए थे पापा?'

शाम की कुहेलिका मन पर अवश्य छाई हुई होगी, पर चेहरे पर पिता के लिए चिंता थी। लेकिन पिघलते-पिघलते इनका मन फिर जम गया। मन ही मन कहा, 'कहीं भी जाऊँ, क्या तुम लोगों से अनुमति लेनी होगी?'

खाने का समय हो गया था। सभी इन्हीं की प्रतीक्षा कर रहे थे। आनंद थके कदमों से खाने की मेज तक पहुँचे। वहाँ पहुँचते ही ठिठक गए, बच्चों ने जैसे अपनी इच्छा व्यक्त कर दी हो। मेज के सामने दीवार पर जहाँ फलों वाला पोस्टर लगा था, वहाँ अवंतिका की बड़ी-सी तस्वीर लगी थी। यह नया परिवर्तन था। इनकी नजरों का पीछा करते हुए रेवा ने इनसे पूछा, "यहाँ पर यह तस्वीर ठीक लग रही है न पापा?"

"हाँ, ठीक है।"

छोटा-सा उत्तर और बड़ा-सा मौन। 'मुझसे क्या कहना चाहते हैं ये?' रेवा को एक नजर घूरकर देखा, 'संकेतों में बात करती है।' खाने की इच्छा नहीं थी। अब जीभ से स्वाद की तृषा भी मिट गई। बैठते-बैठते ठहर गए आनंद। अपने कमरे की ओर बढ़ गए। रेवा कुछ अवाक्, कुछ असंतुष्ट-सी पापा को लौटता देखती रही। रोका नहीं। शायद वे रोक सकते भी नहीं।

कमरे के दरवाजे पर नीले रंग के नायलॉन का पर्दा था। हवा के झोंके से पैरों से उलझा, पर्दे में लगी घंटियाँ टुनटुना उठीं। वे दरवाजे पर ठहर गए। इस पर्दे को अवंतिका ने लगाया था। शायद यह भी उलाहना दे रहा है।

उपेक्षा से पर्दे को झटककर अंदर चले गए। घंटियाँ फिर टुनटुनाईं, कुछ पल टुनटुनाती रहीं, फिर धीमी होकर शांत हो गईं। आनंद बिना कपड़े बदले सीधे पलंग पर लेट गए। आँखों ने कुछ पल घंटियों को घूरा, फिर उनके शांत होते ही वे छत की ओर टँग गईं। पंखे के डैनों पर धूल की परत थी। अवंतिका को धूल से नफरत थी। एक सीमा तक एलर्जी। रेवा को यह भी देखना चाहिए, सिर्फ अवंतिका की तस्वीर टाँगने से उनके प्रति प्यार या आदर नहीं दिखता। घंटियाँ फिर टुनटुनाईं।

अम्मा दरवाजे पर खड़ी थीं।

"खाना नहीं खाया?"

"भूख नहीं थी।"

"या नाराजगी?"

आनंद ने कहना चाहा—कैसी नाराजगी अम्मा? हाँ, अवंतिका के खयाल ने तुम लोगों को मुझसे इतना दूर कर दिया है कि तुम लोग मुझे देखना ही नहीं चाहते, पर कहा, "नहीं, नाराजगी कैसी?" और पलकें मूँद लीं।

माँ ने चले जाने का इशारा समझ लिया। आखिर माँ हैं। तभी तो मीना जी को देखकर सहम गई थीं। बच्चे बड़े-बड़े हैं। पता नहीं उनकी प्रतिक्रिया क्या होगी? प्रशांत यहाँ है नहीं और रेवा तो बहुत डर गई है। गोलू का क्या होगा? इतनी फैशनेबल माँ क्या उसकी देखभाल कर लेगी? उसे तो वह स्वयं और आया मिलकर सँभाल ही रहे थे—रह-रहकर खयाल सता रहा था—यह मीना जी क्यों?

सुबह तक यहाँ सब कुछ ठीक था। दोपहर को बदली छाई तो सत्तू-भरी लिट्टियाँ बनीं। सभी लोगों ने खाया। आनंद के लिए हॉट-पॉट में रख दिया गया। बारिश शुरू होने से पहले आनंद आए। साथ में मीना जी थीं। आनंद ने परिचय कराया—"ये अम्मा...रेवा...मेरा गोलू..."

मीना जी ने अम्मा के पैर छुए। गोलू को प्यार किया। रेवा दीवार से लगी खड़ी रही। आँखों में, 'कौन है' यह बवाल-सा प्रश्न तिरता रहा?

अम्मा ने आशीर्वाद देने की जगह सीधी आँखों से उसकी ओर देखा। आशीर्वाद की मुद्रा में अगर उन्होंने सिर हिलाया भी होगा तो वह इतना न के बराबर था कि किसी और को क्या आनंद को भी नहीं दिखा।

बारिश होने लगी थी। मीना जी को रुक जाना पड़ा। बाहर बारिश थी और अंदर उमस। प्रतिक्रियास्वरूप कुहरा जमने लगा। मीना जी के उत्तर सिमटते गए। अम्मा के प्रश्न फैलते गए। फिर बारिश रुकते-रुकते मीना जी को अपनी जगह छोड़कर उठ जाना पड़ा। आनंद ने उन्हें दरवाजे से विदा कर दिया। उसे छोड़ने बाहर तक भी नहीं गए। वे शर्मिंदगी महसूस कर रहे थे।

यह शिष्टता नहीं थी। क्या सोचती होगी वह? क्या सोचकर इन लोगों ने ऐसा व्यवहार किया? मेज पर रखी अवंतिका की तस्वीर हँस पड़ी।

तुम नहीं जानते क्या सोचा इन लोगों ने? आनंद उठकर बैठ गए। तस्वीर शादी के पहले की थी। मासूम-सी अवंतिका मुस्करा रही थी।

'अवंतिका, यह सब तुम्हारे कारण है। तुम्हीं सारी बातों की जड़ में हो।'

हवा से खिड़की का पल्ला हिला, धीरे से बोला, 'अपनी कमजोरी अवंतिका पर मढ़ रहे हो।' हवा ठंडी थी। चुभती हुई। उठकर आनंद ने खिड़की बंद कर दी।

हालाँकि गोलू की चिंता है उसे। कब तक रहेगा वह आया के सहारे? लेकिन अभी तो ऐसा कुछ भी नहीं था। दफ्तर से साथ निकले थे तो सोचा था, इन्हें माँ

और बच्चों से मिलवा दें। अवंतिका की तस्वीर फिर से हँस पड़ी।

'तुम सच नहीं स्वीकार कर सकते?' प्रश्न पूछते हुए अवंतिका बहुत मासूम थी।

'अवंतिका, तुम्हारे बिना मैं बहुत अकेला हूँ।'

'तो स्पष्ट कह दो घर वालों से।'

'कैसे कह दूँ, वे लोग तो मीना जी को देखकर ही अपना विरोध दर्शाने लगे हैं।'

'यानी उनकी आशंका सच है।'

'सच भी हो तो क्या गलत है?' आनंद को अवंतिका की तस्वीर पर रोष हो आया, 'क्या सारी उम्र किसी की याद के सहारे गुजारी जा सकती है?'

'क्यों? मैं होती तुम्हारी जगह तो क्या ऐसा नहीं करती?'

'पर तुम नहीं हो मेरी जगह...मैं हूँ....'

दरवाजे का पर्दा हिला, पर्दे के नीचे लगी घंटियाँ खनककर हँस पड़ीं। हँसी व्यंग्यात्मक थी।

आनंद चिढ़ गए। आँखें मींचकर सोने की कोशिश की। नींद इतनी सीधी-सादी होती कि चुपके से उनकी आँखों में आ बसती, तो क्या बात थी? उन्होंने एक तकिया सिर के नीचे से निकालकर बाँहों में लिया। उसमें गुड़मुड़ाकर सोने की कोशिश की, फिर भी अच्छा नहीं लगा। दूसरे तकिए को पैरों के बीच में किया और सोने की कोशिश करने लगे। बाँहों का तकिया धीरे-धीरे अवंतिका में बदलने लगा, 'अवंतिका, तुम्हारी देह मक्खन जैसी है।'

पैरों के पास के तकिए ने चुटकी ली, 'मीना जी कैसी हैं?'

आनंद ने आँखें खोल दीं, 'मीना जी कैसी हैं?'

'अवंति अब नहीं है।'

'अवंति की देह मक्खन जैसी थी।'

आनंद की साँसें तेज चलने लगीं। कुछ आवेग से, कुछ क्रोध से।

'यह नींद क्यों नहीं आती? ये अवंतिका और मीना क्यों आती हैं बार-बार।'

बाहर तेज हवा चली। शायद खिड़की का पल्ला चट् से खुला और पट् से बोला, 'तुम्हें इनकी जरूरत है आनंद!'

'पर कोई समझे तो?' आनंद बिफर पड़े, पर अभी तो मुझे सबसे अधिक नींद की जरूरत है, वरना कल दफ्तर में देर हो जाएगी। वैसे भी अब न समय पर खाना होता है, न कपड़े ढंग से तैयार मिलते हैं। दफ्तर के लिए निकलने में तो

अकसर देर हो जाती है।

आखिर अपने आप से उलझते-उलझते आनंद को नींद आ गई।

नींद तो आ गई, पर कच्ची और उखड़ी-उखड़ी-सी। टूटे-टूटे सपने उसे परेशान करते रहे। कभी बाँहें फैलाए मीना जी नजर आतीं, कभी अवंतिका की मृत देह कंधे पर लादे वह भाग रहा होता।

ऐसी नींद से सिर में दर्द हो जाता है। अलस्सुबह ही आँखें खुल गईं। सपनों का विश्लेषण करने लगे आनंद। सपने का दूसरा हिस्सा तो सच है ही, पर पहला हिस्सा, मीना जी की पसरी बाँहों का क्या रहस्य है? आनंद सकपकाते हैं, क्या घर के लोगों का अनुमान सही है? क्या उनका अवचेतन इसी की तैयारी कर रहा है? और क्या यही सोच वे उसे घर ले आए थे।

नहीं...नहीं...ऐसा नहीं, वह तो मीना जी का आदर करते हैं। पति ने वर्षों पहले तलाक दे दिया है, पर मुँह पर शिकायत लाए बिना अपने एकमात्र बेटे को प्राणों का आधार मानकर जी रही है। हाँ, यह सच है कि उन्हें भी मेरा साथ पसंद है। दोपहर का लंच दफ्तर में लगभग हमेशा वे साथ ही करते हैं। अपना दुःख-सुख भी बाँटते हैं दोनों। शायद एक-दूसरे के काफी अच्छे मित्र हैं।

खिड़की खुली थी। सुबह की ठंडी कुनकुनी हवा अच्छी लग रही थी, हवा के एक तेज झोंके ने आनंद को सिहराया–'सच! क्या सिर्फ दोस्त ही?'

'हाँ-हाँ, सिर्फ दोस्त ही।'

उसके इस आगमन के पहले तो ऐसी कोई बात नहीं उठी थी। उसका एक बार घर आना सभी को इतना अधीर क्यों कर गया है?

हवा ने फिर सिहराया–'औरों को ही नहीं, तुम्हें भी तो अधीर कर गया है। तुम्हारी कल्पनाएँ भी तो छलाँग मार रही हैं।'

आनंद शायद अभी देर तक अपनी अधजगी अवस्था में अपने प्रश्नों से उलझते रहते अगर रेवा ने आकर पुकारा न होता।

"पापा, नौ बज गए, दफ्तर नहीं जाना है?"

दफ्तर में भी आनंद फाइलों में सिर गड़ाए काम का ढोंग करते रहे। बार-बार प्रश्न-भरी नजरें मीना जी की मेज पर जा रही थीं। अच्छा था कि मीना जी अपने काम में व्यस्त थीं। अगर नजरें मिल जातीं, तो शायद शर्मिंदा हो जाते वे।

मीना जी पहले कभी उन्हें सुंदर नहीं लगीं। औसत कद की पृथुल बदना मीना जी में वस्तुतः कोई आकर्षण उन्हें नजर नहीं आया था। हालाँकि यह कहना भी गलत ही होगा, कोई तो आकर्षण था ही, जिस कारण दफ्तर के अन्य स्त्री-पुरुषों

के साथ न होकर उनकी घनिष्ठता मीना जी के साथ हुई। आज वही आकर्षण स्थूल होकर आनंद की आँखों को तोष दे रहा था। मीना जी के नक्श साधारण हैं, पर मिला-जुलाकर पूरा चेहरा बड़ा ही मधुर है। ममतामयी दिखती हैं। आनंद की इच्छा हुई, वह उठकर मीना से कुछ बात करें। वे मीना जी को देखने लगे।

'चाय सर!" चपरासी था।

आनंद को लगा, चपरासी ने आनंद की नजरों की चोरी पकड़ ली। वे झेंप गए। जल्दी से कहा—"रख दो।"

और अपनी फाइल पर झुक गए।

मीना को भी कल आनंद जी के घर के लोगों का बर्ताव अच्छा नहीं लगा था। पता नहीं क्या बता रखा था, उन्होंने अपने घर वालों को उनके विषय में। बहरहाल, पति के छोड़ के जाने के बाद वह इस तरह के अपमान सहने की अभ्यस्त हो गई हैं। यहाँ तो, स्त्री पति से अलग हो जाए, तो वह दोषी है ही। पति स्त्री को छोड़ जाए, तो भी दोषी स्त्री ही होती है। ऐसे में यहाँ के लोगों की दी हुई उपेक्षा या अपमान को क्या दिल से लगाना। जिन लोगों के पास सही तर्कशक्ति ही नहीं मीना उन्हें माफ कर देती है।

लंच ऑवर में आज आनंद बहुत सकुचाए हुए थे। कुछ कहना चाहकर भी मानो कह नहीं पा रहे थे, पर मीना ने भी ज्यादा कौतूहल नहीं दिखलाया। पुरुषों से मित्रता हो तो एक निश्चित दूरी बनाकर रखनी चाहिए। इतना वह जरूर गौर कर रही थी कि आनन्द और दिनों की अपेक्षा बदले हुए थे। नम्र तो वे हमेशा थे, पर आज अपने व्यवहार में काफी कोमल और केयरफुल लग रहे थे। छोटी-छोटी बातों में मीना का खयाल रख रहे थे। मीना का आर्तमन इससे सुखी तो हुआ, पर उसकी कल्पनाशक्ति मर चुकी थी। वह जिंदगी के कठिनतर दिनों को जी रही थी। जहाँ हवाई कल्पनाएँ सुखी नहीं, संतप्त करती थीं। उम्मीदें कुछ और उदास कर देती थीं।

लंच के बाद भी आनंद काफी देर तक कैंटीन में बैठे रहे। मीना के याद दिलाने पर कि लंच ऑवर खत्म हो गया है, गहरी साँस ली उन्होंने। मीना ने उन्हें अजनबी निगाहों से देखा।

मन ही मन पूछा—'क्या हुआ है मित्र, तुम्हें आज?'

दफ्तर से निकलते ही आनंद ने पोर्टिको की ओर जाते अपने कदम धीमे कर लिए।

मीना जी के निकलते ही उनके साथ हो गए। "चलिए, आज आपको ऑटो कर दूँ," कहते-कहते कह बैठे—"आइए न, मीना जी, मैं आपको छोड़ देता हूँ।"

"यह तो रोज की समस्या है आनंद जी···"

"तो क्या हुआ? हम अपनी समस्याएँ बाँट नहीं सकते? आपकी गली तो रास्ते में पड़ती है। थोड़ा मुड़के छोड़ दूँ या किसी दिन थोड़ा आप ही पैदल चल लें।"

मीना हँस पड़ी। लालच भी हुआ। सुविधा किसे नहीं भाती. पर सिर हिलाकर उसने मना कर दिया, "यह बिहार है आनंद जी, लोग बातें बनाएँगे।" आनंद ने रुककर बात बढ़ाई–"आप लोगों से डरती हैं?"

"नहीं, डरती नहीं आनंद जी, मगर व्यर्थ उलझना नहीं चाहती। जिंदगी यूँ ही काफी उलझी हुई है···बाय।"

और वे आगे बढ़ गईं। आनंद चुपचाप देखते रहे। वे सोच रहे थे, उन्होंने ऐसा प्रस्ताव क्यों रखा? वे शर्मिंदा महसूस कर रहे थे, पर वे ऐसा क्यों कर रहे हैं, यह उनकी समझ में नहीं आ रहा था।

घर पर अभी भी कुहरे की छत थी, पर स्थिति बहुत कुछ सामान्य हो चली थी। सभी अपने रोज के रुटीन में व्यस्त हो चले थे। बस, सबके दिलों में बिलकुल एक-सी खौफ बची रह गई थी। मानो कुछ वैसा होने के आसार हैं, जैसा वे नहीं चाहते। आनंद के सामने सहज होने की कोशिश में वे असहज हो रहे थे। और आनंद न चाहते हुए भी उनका अप्रिय करते जा रहे थे। माँ को इतना भी कुहरा न भाया। बेटे के कमरे का पर्दा हटाया। पर्दे की घंटियों ने बजकर उनके आने की सूचना आनंद को दी। आनंद पेट के बल लेटे हुए अपनी कल्पनाओं की गुत्थी सुलझा रहे थे। माँ को देखकर उठ बैठे। प्रश्न-भरी निगाहों से उन्हें देखा। माँ ने अधिक समय न लिया। सीधी अपनी बात पर आ गईं–

"तुम्हें पसंद है, तो हमें भी उसे स्वीकार करना होगा। तुम परेशान मत हो।"

आनंद की भवें सिकुड़ गईं। माना कि उनके खयालों में मीना जी सेंध लगा चुकी थीं, पर इसे इतनी जल्दी स्वीकार करना उन्हें अपने पुरुषत्व और अवंतिका के प्रति अपने प्रेम का अपमान प्रतीत हुआ। झट से बोल बैठे–"आप लोगों ने कुछ अधिक सोच लिया है। ऐसी कोई बात होगी, तो मैं स्वयं कह दूँगा। व्यर्थ अंदाजा लगाने की जरूरत नहीं।"

बेटे की जुबान में कड़वाहट थी, माँ को बुरा नहीं लगा, क्योंकि वह नकारात्मक था। माँ की इच्छा के अनुकूल। ऐसा नहीं कि माँ नहीं चाहती थीं कि आनंद पुनः ब्याह करें, पर उन्हें परित्यक्ता मीना पसंद नहीं थी। बच्चों की बात दूसरी थी। वे माँ की जगह दूसरी स्त्री को देखना ही नहीं चाहते थे। फिलहाल वे थोड़ी आश्वस्त हुईं और बेटे को देखकर बोलीं, "मैं तो तुम्हारी खुशी चाहती हूँ बेटे!"

आनंद अब भी कड़वे थे। माँ ने सिर झुकाकर पर्दा छोड़ दिया। पर्दे की घंटियाँ फिर बज उठीं।

'अब गुस्सा छोड़ भी दो आनंद! माँ की बात सुनकर तुम खुश तो हुए ही हो।' आनंद पर्दे में बँधी घंटियों को पल-भर देखते रहे। सोचा, इन्हें निकाल दूँगा। बहुत बजते हैं ये सब। अवंतिका को प्रिय थे। पता नहीं मीना जी को क्या प्रिय होंगे? ये तो बाद में पता चलेगा। आनंद सोचने लगे, 'वह कैसे व्यक्ति हैं? कभी अवंतिका का प्रिय किया। अब मीना जी का प्रिय करने का मन बना रहे हैं। उन्होंने आँखें बंद कर लीं। आज मीना जी धानी रंग की साड़ी पहनकर दफ्तर आई थीं। अच्छी लग रही थीं। आनंद ने पहली बार उन्हें पूरी आँखों से देखा था। होंठों पर विरल-सी मुस्कान उभरी और मिट गई। क्या मीना जी भी उन्हें लेकर ऐसा ही सोचती हैं?'''पता नहीं।' आनंद ने करवट ली और सीधे हो गए।

'क्या ऊलजलूल सोच रहे हो आनंद?'

चुपके से किसी ने कानों में कहा। आनंद झेंप गए। वे भी क्या ऊलजलूल सोच रहे हैं। अकेले व्यक्ति की जिंदगी इतनी रंगहीन, आभाहीन हो जाती है कि जहाँ कहीं रंग देखा, मन मचल जाता है। उससे अपने दरो-दीवार रँग लेने की इच्छा मन में जग जाती है। पर पिछले कई वर्षों में ऐसा कभी नहीं हुआ। बस, पिछली जिंदगी कितनी सुंदर और रंगों से भरी थी, यही खयाल मन में आता रहा। अवंतिका की अनुपस्थिति खलती थी। पर उसकी जगह के खाली होने का अहसास नहीं था। नहीं होकर भी उनके जीवन में उसने अपनी उपस्थिति बनाए रखी थी। इसी मीना जी के साथ कई बार लंच ऑवर में वो अवंतिका की चर्चा ऐसे करता रहा था, मानो वह थोड़ी देर के लिए कहीं बाहर गई हो और कल-परसों में आ जाएगी। उसी अवंतिका की जगह आज लगातार मीना जी को लेकर सोच रहा है। लेकिन यह बात तो सच है कि अब अवंतिका नहीं है और उसकी जगह वर्षों से खाली पड़ी है। वो खाली जगह अब भाँय-भाँय करने लगी है। अवंतिका की यादें, उसके खयाल अब उसे भर नहीं पाते। दीवारों के पुराने पलस्तर झर रहे हैं। पर्दे में लगी घंटियों का पीतल रंग अब मैला पड़ने लगा है। उसे कोई ब्रश लेकर नहीं चमकाता। पंखों के डैने धूल से भरे होते हैं। अवंतिका के खयाल उसे साफ नहीं करते। जाने कितनी कमीजों के बटन टूटे हैं, जाने किन-किन वस्तुओं पर स्त्री के कोमल हाथों की छुअन की जरूरत है। स्वयं आनंद कितने उजड़े-उजड़े दिखते हैं। उन्हें भी कोमल स्पर्श की जरूरत है। खयाल सहलाते जरूर हैं, पर छुअन नहीं देते। आनंद को छुअन की जरूरत है। इस कमरे के दरोदीवार को छुअन की जरूरत है।

कोमल छुअन की। 'मीना, क्या तुम अवंति की जगह आकर इन सभी अभाव के मारों को अपनी छुअन से सँवार दोगी?'

आनंद द्रवित होने लगे। अवंतिका की तस्वीर धुँधली पड़ने लगी। मीना जी अपने पूरे अस्तित्व के साथ साकार होने लगीं। आनंद धीरे-धीरे मीना जी से बातें करने लगे। ढेरों बातें। बीते दिनों की बातें। अभावों की बातें। सूनी रातों की बातें। नए आशियाने की बातें। बच्चों की बातें और अंत में स्वयं बच्चे बनने लगे। खयालों वाली मीना जी की गोद में किसी नन्हे बच्चे की तरह सिर रखकर उन्होंने आँखें मूँद लीं।

उनके खयाल उन्हें कहीं और ले जाते, उससे पहले रेवा ने पर्दे की घंटियाँ बजा दीं, बल्कि आवाज भी लगाई—"पापा, अब उठिए भी, खाना लग गया है।"

आनंद खयालों की दुनिया से बाहर आ गए, 'यह रेवा की आवाज इतनी कर्कश क्यों है?' उन्होंने तय किया कि आज वे रेवा को समझाएँगे कि थोड़ा धीरे और थोड़ा कोमल स्वर में बातें करे। ये बातें उसे उसकी माँ को सिखलानी थी। वह तो रही नहीं। यह कर्तव्य अब उन्हें ही पूरा करना होगा। लेकिन वे कितना बता पाएँगे? माँ इस कार्य में पटु होती है। उसकी दादी से यह सब नहीं हो सकता। वह काफी बूढ़ी हो चुकी हैं। समय पर सभी खा-पी लें, इनकी अनुपस्थिति में घर में किसी गलत व्यक्ति का प्रवेश न हो, इससे ज्यादा देखभाल वे नहीं कर सकतीं। अब जितना वे कर सकती हैं, करती ही हैं। जो बचता है उसे उन्हें ही देखना होगा।

आनंद के खयालों की दुनिया को फिर कुछ नए अभावों ने संपुष्ट किया।

उन्हें कुछ निर्णय लेना ही होगा। आनंद उठकर कमरे से बाहर आ गए। किसी निर्णय पर पहुँचने का संतोष उनके चेहरे पर था। माँ और बच्चों के साथ उन्होंने सहजता के साथ रात का भोजन संपन्न किया। उनके साथ देर तक इधर-उधर की बातें करते रहे।

दूसरे दिन दफ्तर में उन्होंने मीना जी को गुलाब का एक फूल दिया।

उनकी ओर 'थैंक्यू' उछालते हुए मीना जी चकित थीं, पर उन्होंने कुछ नहीं पूछा। आनंद पूरे दिन अपनी बात शुरू करने की भूमिका तलाशते रहे और पाँच बजे दफ्तर खत्म होने का वक्त आ गया। रोज की तरह अपने कदम धीमे करके मीना जी के साथ हो लिए। पोर्टिको तक जाकर स्कूटर निकालने के लिए उन्हें बढ़ना पड़ा और मीना जी ऑटो की ओर बढ़ गईं।

दूसरा दिन, तीसरा दिन और फिर कई दिन बीत गए। आनंद मीना जी से अपनी बात नहीं कर सके, पर उनके खयालों की दुनिया में गुलाबी रंग थोड़ा और

गाढ़ा हो गया। उसके छींटे मीना जी पर भी पड़ रहे थे। उनके व्यवहार के दोस्ताने लहजे में भी एक किशोरी का प्रवेश हो गया था। उस दिन उन्हें घर छोड़कर लौटने लगे, तो मीना जी ने उन्हें कॉफी का निमंत्रण दे दिया। भला आनंद जी उसे कैसे ठुकराते।

मीना इधर लगातार कुछ दिनों से देख रही थीं, आनंद कुछ बदले-बदले नजर आते हैं। अकसर जीवन के खालीपन को रोते या नित्य नई समस्याएँ उनके सामने रखते सुनकर वह द्रवीभूत होती थीं, पर वह उनकी क्या सहायता कर सकती थीं, सिवाय सुन लेने के। दूसरे वह देख रही थीं कि दफ्तर में वे ज्यादा से ज्यादा समय उसके साथ गुजारना चाहते हैं। कभी फूल प्रेजेंट करते हैं, कभी मीठी नजरों से देखते हुए उनकी साड़ी के रंग की प्रशंसा कर देते हैं। सब कुछ इतना शिष्ट होता है कि वह कुछ कह नहीं पातीं, फिर इतने दिनों से सूने पड़े जीवन में अगर थोड़ा बहुत रंग-गुलाल पल-भर के लिए उसके गालों को भी रंगीन कर दे तो क्या बुराई है। आनंद रोज पूछते हैं, घर पहुँचा दें। सोचा, आज उनकी हसरत पूरी कर ही दें। क्या होगा इससे? बोलने वाले थोड़ा और बोल लेंगे। वैसे भी वह उन सब बातों से ऊपर उठ चुकी हैं। ये बातें उन पर असर नहीं करतीं। मीना ने अपने मन से पूछा—'क्या वह पसीज रही है?'

'शायद हाँ, किसी मित्र के दुःख से पसीजना अगर गलत है तो ऐसी गलती करना मंजूर है। बेटे के अलावा ये चंद मित्र ही तो उनकी जिंदगी के अवलंब रह गए हैं।'

आनंद आज अन्य दिनों की अपेक्षा घर देर से लौटे थे। घर पर पहुँचकर देखा, प्रशांत आया हुआ है। और वे सब दरवाजे पर खड़े होकर उनकी प्रतीक्षा कर रहे हैं।

"इतनी देर हो गई!" माँ ने प्रश्न किया।

"तो?" उन्होंने प्रतिप्रश्न किया। आँखों में रोष और प्रश्न लिए सभी चुप हो गए। बेटे से पूछा, "तुम इस वक्त कैसे आए? कोई छुट्टी है?"

"नहीं, यूँ ही आ गया। मन नहीं लग रहा था।"

आनंद समझ गए, बहन ने बुलाया होगा। बच्चों की गुटबंदी पर उन्हें क्रोध आया। उन्हें बच्चे स्वार्थी और कठोर लगे। वे अपने बार-बार ठहर जाते निर्णय के प्रति तनिक और एकाग्र हुए। जिन बच्चों में उनके प्राण बसते हैं, जिनकी एक जरा-सी तकलीफ पर वे व्यग्र हो जाते हैं, उन बच्चों का अपने प्रति कठोर होना उन्हें क्रोध से ज्यादा दुःख पहुँचा रहा था। पिता का अकेलापन उन्हें नहीं दिखता। वे सब तो आज भी अपनी दुनिया में व्यस्त हैं। कल को और भी व्यस्त हो जाएँगे।

आज ही पिता के अभाव उन्हें दिखाई नहीं पड़ते, कल क्या दिखाई पड़ेंगे।

खिड़की से हवा का एक मीठा झोंका आया। उनके बालों को सहला गया। और कंठ में अटका हुआ क्रोध आँखों को सजल कर गया। तकिए में सिर छिपाया, तो उसने सांत्वना दी।

'चुप होकर सो जा बच्चे। कल मीना जी से बातें कर लेना।' और बिना खाए-पीए वे सो गए। पैरों के जूते पैरों में ही थे। रेवा नाश्ता लेकर आई, तो वे जूते पहने सो रहे थे। बेटी ने जगाया, पर नींद नहीं खुली। रेवा ने आवाज लगाई तो हाथ उठाकर बाहर जाने को कह दिया। उन्हें अब सिर्फ कल की प्रतीक्षा थी।

दूसरे दिन आनंद को मौका भी मिल गया। सुबह भी उन्होंने खाना नहीं खाया था। माँ दरवाजे तक बोलती हुई आईं, पर क्रोध दर्शाते हुए उन्होंने स्कूटर स्टार्ट कर दिया। घर पर तो क्रोध दिखा दिया, पर दफ्तर में भूखे पेट काम में मन नहीं लग रहा था। लंच में मीना जी के लंच बॉक्स से रोटी खाते हुए बिसूरने लगे—"पता है आपको, मैंने कल से खाना नहीं खाया। अभी आपकी रोटी का कौर पेट में उतरा तो लगा, जन्मों के बाद खाना खा रहा हूँ।"

मीना जी को उनका इस तरह बिसूरना अच्छा नहीं लगा। उन्होंने चिढ़कर मगर संयत स्वर में ही कहा—"आनंद, आप शादी क्यों नहीं कर लेते?"

"शादी! मगर किससे?"

"किसी सही स्त्री से!" आनंद ने मीना जी की यह बात पकड़ी और झट से पूछा, "सही स्त्री से मतलब?"

"वही जो आपकी उम्र के आसपास की हो। आपका दुःख-सुख बाँट सके। बच्चों को प्यार दे सके।"

"ऐसी स्त्री मिलेगी?"

"क्यों नहीं, ढूँढ़ेंगे तो जरूर मिलेगी।"

आनंद ने तुरंत पूछा, "आपका अपने विषय में क्या खयाल है?"

उनके दिल की बात जुबान पर आ गई, पर वे कुछ सोच पाते, इसके पहले ही उन्हें चकित हो जाना पड़ा। मीना जी न शरमाईं, न नाराज हुईं, न हिचकिचाईं। वह खिलखिलाकर हँस पड़ीं, हँसते हुए बोलीं, "मैं तो आपके लिए उपयुक्त हो सकती हूँ, पर मेरे लिए अब कोई पात्र उपयुक्त नहीं आनंद जी।"

बात खत्म करते-करते वह गंभीर हो गईं। कुछ रुककर आनंद जी की बात को गंभीरता से लेते हुए कहा—"आनंद जी, मैंने दोबारा शादी न करने का फैसला कर लिया है। अपने आप में स्वयं को पूरा महसूस करती हूँ। बच्चे के लिए खुद

को यथेष्ट समझती हूँ। आधी उम्र बीत गई। जितने अनुभव होने थे, हो चुके। अब दोबारा गृहस्थी बसाने की हिम्मत नहीं है मुझमें।"

आगे बोलीं—"मगर आप शादी कर लें। आपका अधूरापन आपकी बातों से जाहिर होता है। ऐसे भी पुरुष सबल दिखते हैं, पर होते हैं बेहद कमजोर। उन्हें नारी के सहारे की सख्त जरूरत होती है। सहारा बनकर वे स्वयं भी सहारा पा लेते हैं।"

आनंद के लिए उनकी बातें चोट पर चोट थीं। पर इसे चोट की तरह स्वीकार करना उनका अपना अपमान होता। जहर को पीकर वे हो-हो करके हँस पड़े। मीना जी की बात हँसी में उड़ा दी—"मीना जी, आप भाषण अच्छा दे सकती हैं। अरे यार, इस बुढ़ापे में बच्चों की शादी करूँगा या अपनी?"

मीना जी ने गरजती हँसी के बीच छुपे हुए रुदन को सुना। पुरुष के कमजोर हृदय पर ठहरे बलवती स्वाभिमान को देखा, समझा। द्रवित हुईं।

पर कुछ बोलकर उसे अपमानित नहीं किया।

घर के आकाश पर कुहेलिका आज और घनी थी। माँ ने भी खाना नहीं खाया था। रेवा और प्रशांत भी भूखे थे। घर पहुँचते ही गोलू पर नजर पड़ी। इन दिनों उस पर ध्यान भी नहीं दिया था। सहमा-सा बगल में आकर खड़ा हो गया।

"पापा, हमने भी नहीं खाया।"

उसकी रोनी आवाज ने आनंद के दिल को हिला दिया। बेटे को गोद में उठाकर उसके गाल चूमे और माँ से कहा, "खाना लगाओ।"

दिन का खाना शाम के पाँच बजे संपन्न हुआ। पर सभी खुश थे। माँ ने फिर हिम्मत की। हाथ धोने के लिए उठते बेटे को जरा-सा रोका और बोली, "बेटा, तुम्हारी खुशी में हम सबकी खुशी है। अगर मीना जी तुम्हें पसंद हैं तो"—माँ की बात आधी ही हुई थी कि आनंद उठ गए। उठते-उठते बोले, "पागल हो गए हो तुम लोग? अब बेटे-बेटी की शादी करूँगा या अपनी?"

और हाथ धोकर बिना किसी की ओर देखे अपने कमरे में जाकर दरवाजा बंद कर लिया। पलंग पर बैठते ही जब्ब की हुई रुलाई फूट पड़ी।

'क्यों इस तरह बीच में अकेला छोड़कर चली गई। औरों की बात तो नहीं जानता, पर मैं सचमुच बहुत कमजोर हूँ। अवंति, मुझे थाम लो।'

बच्चे आपस में हँस-बोल रहे थे। आनंद को उनकी आवाज सुनाई पड़ रही थी। उन्होंने स्वयं को सँभाला और अपनी आँखों के आँसू पोंछकर दरवाजा खोल दिया।

बाहर निकले। उनकी इच्छा टहलने की हो रही थी।

('हंस')

ताख पर तहे गर्द एक उम्र

हाँ, यह एक स्वीकृति है। प्रोमिला त्रिवेदी की स्वीकृति! यह अघोषित है, पर इसकी प्रामाणिकता संदिग्ध नहीं। कुछ स्वीकृतियाँ शब्दों की मोहताज नहीं होतीं। इतनी चीखें, इतनी कराह होती है उनमें कि हवा में घुले बिना दूसरे तक संप्रेषित हो जाती है।

प्रोमिला त्रिवेदी की स्वीकृति भी लफ्जों की मोहताज नहीं, आज जब कुछ ही कदम फासले पर खड़ी मौत दस्तक दे रही है। सामने पड़े आईने में यौवन को ढकती झुर्रियाँ और बालों की सफेदी समय से कुछ पूर्व ही उपस्थित होकर ठहाके लगा रही है, मिस प्रोमिला त्रिवेदी अपने झूठे आत्मगौरव की होली जलाना चाहती है। और उस आग के चारों ओर पागलों की तरह घूम-घूमकर अपने कपड़े भी फाड़कर उसी आग में भस्म कर देना चाहती है, जैसे वह भी झूठ का एक चोला हो, जिंदगी और प्रोमिला के बीच एक व्यवधान।

वह लहलहाती आग की उन लपटों से प्रार्थना करना चाहती है कि 'हर लो अपना वो अंश, जो तुमने मेरे निर्माण में लगाया है—बिना लपटों के राख हो चली हूँ मैं।' आग की लपटों को उत्स पर पहुँचाती हवाओं से भी कहना चाहती है—'वर्षों से भयंकर आँधियाँ चल रही हैं मेरे भीतर। हा-हा मची है—प्लीज, इन्हें शांत करो। जल के कण तो न जाने कब सूख गए हैं। मिट्टी भुरभुरी हो रही है। मेरे निर्माण में आकाश ने अपनी विशालता नहीं सौंपी। सिर्फ शून्य भरा है मेरे भीतर। पंचतत्त्वों का अवशिष्ट हूँ मैं—मुक्त करो मुझे।'

पर प्रकटतः प्रोमिला त्रिवेदी कुछ नहीं करती। कुछ नहीं कहती। अपने बिस्तर पर घुटनों में सिर दिए बैठी होती है। कभी-कभी वैसे ही सो भी जाती है। पर सुबह होते ही उसमें गति आ जाती है। शुरू हो जाती है उसकी दिनचर्या और तब उसके पास कुछ भी सोचने के लिए अवकाश नहीं होता। फिर भी इन दिनों अकसर वह सोचती हुई पाई जाती है।

चालीसवाँ लगने तक वह अपने को लड़की ही समझती थी। दिन और उम्र के गुजरने का अहसास उसे नहीं था। अपनी सादगी पर खुद मोहित थी। एक पुलक-भरा खयाल कि उसकी सादगी का सौंदर्य लोगों को मोहित करता है, उसके

प्रति आदर से भरता है, उसे गौरवान्वित भी करता था। उसका यह खयाल गलत भी नहीं था। कितनी आँखों में उसने अपने लिए आदर-भरा आमंत्रण देखा था, पर न देखने का भान करती हुई आगे बढ़ गई।

स्नेह और आदर तो जहाँ भी वह गई, मिला, पर भागलपुर की पोस्टिंग में विराज मिले। लंबे समय तक उन्होंने प्रोमिला की स्वीकृति की प्रतीक्षा की। पर पता नहीं क्यों वह उनके प्रस्ताव को भी निरस्त कर आई। क्या चाहती थी वह? अगर आदर्श जीवन का उदाहरण ही प्रस्तुत करना था तो माँ की खुशी के लिए उनकी बात मान लेना भी आदर्श जीवन का ही एक रूप होता। क्यों किया उसने ऐसा? अनिता जब मिली, पूरे वाकये को सुना, तो उसने कहा था–'कोई आदर्श-वादर्श की बात नहीं है। तू चाहती है कि एक ओर कोई तुझे रो-रोकर अपने प्रेम की दुहाई देकर बुलाए, दूसरी ओर घर के लोग तुझे जिद करके विवश करें। बल्कि माँ तुझे तेरी खुशी के लिए नहीं अपनी खुशी का वास्ता देकर तुझ पर दबाव डालती तो तू सब पर अहसान करती हुई, अपने दुःख-सुख से निर्लिप्तता का भाव दिखाती हुई, महामना बनकर ब्याह मंडप में बैठ जाती, पर ऐसा किसी ने न किया, न विराज ने रो-रोकर दुहाई दी, न माँ ने अपनी इच्छाएँ तुम पर थोपीं–और तू अपने चोले के अंदर छटपटाकर रह गई। आत्मवंचना की शिकार है तू।'

बड़ी कठोर थी अनिता। पर प्रोमिला त्रिवेदी अब कभी-कभी महसूस करती है कि अनिता उसके जीवन में पहले आती तो शायद उसके सीधे-सच्चे शब्दों की पैनी धार उसके झूठ के नकाब को फाड़ डालती।

पर प्रोमिला का भाग्य ही शायद ऐसा था। अनिता तब भी उसके पीछे लग जाती तो वह शायद–पर वह तो अपनी जिंदगी में ही बुरी तरह उलझी थी। पति, बच्चे–उसके स्वप्न–उसके चाहने वाले।

उन दिनों अनिता उसे बहुत बुरी लगने लगी थी। जीवन ने उसे सब कुछ खुले हाथों से दिया था। भरी-पूरी थी वो, फिर भी जाने किस खालीपन के अहसास से गुजर रही थी। और अपनी भरी-पूरी जिंदगी को और भरने की कोशिश में गलत-सही समझौते कर रही थी। कभी-कभी प्रोमिला को उस पर बहुत क्रोध आता था। अगर प्रोमिला जैसी जिंदगी जीनी पड़ती अनिता को तो? पर क्यों जीनी पड़ती? प्रोमिला अपने और अनिता के मूल फर्क को जानती थी, अनिता अपने मन के सच के साथ जी रही थी और प्रोमिला ने तो अपने मन के सच को जाने कब और जाने कितने गहरे दफन किया हुआ था।

जिस दिन विराज की शादी का निमंत्रण आया–प्रोमिला के भीतर भयंकर

हलचल मची थी। पर आँखें सूखी थीं और व्यवहार पूर्णतः नियंत्रित। बस, अनिता ही थी, जो उसके मन की हलचल और जीवन से रंगों की आखिरी विदाई की साक्षी थी। उसने वीरानी के वृहदाकार डैनों को प्रोमिला पर छाते देखा था। वो थरथरा गई थी। रोई थी। प्रोमिला के कंधों को पकड़कर झिंझोड़ दिया था। बोली थी–

'तोड़ दे प्रोमिला, यह अभिमान-भरा नकाब–ये तेरा अभिमान नहीं, तेरी कमजोरी है। स्त्री-पुरुष संबंधों में किस वायवीयता की कल्पना तू करती है? इस भागमभाग जिंदगी में चंद स्पर्श, चंद प्यार के बोलों के अतिरिक्त और कुछ नहीं है। और समय के साथ उसे भी बचाना पड़ता है, नहीं तो वह भी नष्ट हो जाता है। और तुझे उसे पाने से ही गुरेज है। तोड़ दे प्रोमिला, अपने आसपास बनाया हुआ ये मिथ जो अपने गुंजलक में ले तुझे ही समाप्त करने लगा है। निगलने लगा है तुझे।'

प्रोमिला याद करती है, उस दिन अनिता बहुत दुखी थी, पर प्रोमिला का मन भी दग्ध था। उत्तर देते हुए उसके शब्दों में भी कुछ खून के कतरे छिटक पड़े थे, 'तू शादीशुदा, बच्चों वाली भारी होते शरीर की महिला है, मैं कुँवारी तन्वंगी'''। फिर भी क्यों घेरते हैं तुझे पुरुष? क्यों तुझे देखते ही छलकती है उनकी आँखों में कामना? क्यों नहीं कोई मुझे मेरी ही कैद से खींचकर निकाल लेता है? क्यों मुझे देते हैं लोग पढ़ने को वेदांत की पुस्तकें और तुझे 'लेडी चैटर्ली का प्रेमी'।'

अनिता चुप रही थी। शायद उसे दुःख लगा हो। पर वह प्रोमिला की मनोदशा समझ रही थी। उसके चेहरे से लगा था, वह बहुत कुछ कह सकती है, पर उसने इतना ही भर कहा था, 'अपनी जिंदगी की तिक्तताओं से थके-हारे लोग रेगिस्तान में क्या करेंगे भटककर? नदी या समंदर के किनारे कम से कम ठंडी हवा का परस तो मिलेगा उन्हें। प्रोमिला, आज आखिरी बार कह रही हूँ। तूने अपने को रेगिस्तान बना लिया है। सूखी रेत उड़ती है तेरे चारों ओर।'

उसके बाद प्रोमिला प्रमोशन के साथ इस महानगर के महासमुद्र में आ बिलाई।

हाँ, बिला ही तो गई। कुछ वर्ष पहले यहाँ शाना आई थी। रोजगार के इतने मौके हैं, यहाँ बस प्रतिभा होनी चाहिए। शाना व्यस्त हो गई। सुना, महीने में एक लाख से ऊपर तक कमा लेती है। जीवन की रंगीनियाँ भी व्यस्तता के साथ इस तरह जुड़ गईं कि भीतर के खालीपन को निरखने-परखने का वक्त ही नहीं मिलता उसे। पुराने परिचितों से भी घंटे-भर बैठकर बात नहीं कर सकती। कभी शाना भी प्रोमिला के बहुत करीब थी। पर अब वह शाना की व्यस्तता के बीच घुसपैठ नहीं

कर सकती। ऐसा नहीं कि शाना उससे नहीं मिलेगी। वह उतने ही प्यार से मिलेगी, पर प्रोमिला की अपनी तिक्तताएँ हैं, जो उसे किसी मिठास की ओर अग्रसर ही नहीं होने देतीं।

प्रोमिला भी चाहती तो ऐसे कई कामों से जुड़ सकती थी, जिसमें जीवन के विविध रंग थे। पर वह तो स्वयं को इन सबसे काटती चली। नौकरी भी ऐसी चुनी, जो उसकी जिंदगी की तरह बेरंग है—धूसर सफेद।

वह सिर्फ नौकरी करती है। सुबह की ड्यूटी है तो सुबह उठकर भागो। लौटते-लौटते शाम। थके हुए शरीर से अपने लिए कुछ उबाल लो। भूखे पेट में कुछ पड़ते ही पलकें यूँ भरियाती हैं कि फिर किसी बात की याद नहीं रहती, रात की ड्यूटी हो तो सुबह बाजार का काम करना होता है। दोपहर को कपड़े-वपड़े धोने होते हैं। थोड़ी ढंग की रसोई की इच्छा होती है। और समय कब पंख लगाकर फुर्र हो जाता है। पता ही नहीं चलता।

यूँ तो यह कल की बात लगती है, पर इस महासमुद्र में बिलाए जाने कितने वर्ष बीत गए। अपनी दो बातें किसी से कह सके, ऐसा कोई दोस्त भी यहाँ नहीं बना पाई। और सच तो यह कि वह कहने की दो बातें क्या हैं—शायद वह भी अब वो सोचते-सोचते भूलने लगी है।

उसे बस इतना याद है कि बड़े भैया के बच्चों को बहुत किया है, अपनी संतान की तरह। अब वे बड़े हो गए हैं। अब छोटे भाई मनमन के बच्चों को करना है। उसे कहीं ये अखर न आए कि दीदी ने सिर्फ भैया को किया। महँगाई बहुत बढ़ गई है। घर पर किसी भी तरह बचाकर कुछ पैसे भेजने हैं। अम्मा को सारे तीरथ करा चुकी। खुद भी साथ-साथ घूमी। कहाँ है मंदिरों में चैन और शांति? सब जगह एक-सी आपाधापी। हालाँकि कुछ न महसूसो तो खुली आँखों तले सब सुंदर और पावन है। तीर्थों पर प्रकृति ने प्रोमिला को आकर्षित किया था। पर वक्त कहाँ था उसके पास कि अपने आकर्षण की तृषा मिटाती। इतनी भागमभाग कि पूछो मत, अम्मा तो तनिक खड़ी होकर इधर-उधर देखती भी थी। पर प्रोमिला कभी बस वाले से भाड़ा पूछती, कभी घोड़े-खच्चर वाले ठीक करती, कभी प्रसाद खरीदती होती, कभी ठहरने के लिए उचित स्थान की तलाश। लौटने पर जब लोग पूछते, 'क्या देखा?' तो परेशान हो जाती।

'भाई साहब, अब क्या तीरथ-वीरथ? हर जगह एक-सी भीड़ और ठग-बाजारी···पता है, हम लोगों ने तिरुपति से लौटते हुए एक-एक चाय पाँच रुपए की खरीदी!'

उस दिन रामस्वरूप जी ने कुछ कहते-कहते उसके कंधों पर हाथ रख दिया। रामस्वरूप जी प्रोमिला के पुराने परिचित हैं। इस महानगर के महासमुद्र में अचानक तिनके की तरह उसकी अँगुलियों से आ टकराए। चाहते हुए भी प्रोमिला ने अँगुलियाँ नहीं हटाईं। तिनके का एक सिरा उसकी अँगुलियों की जद में रहा।

रामस्वरूप जी बहुत खेले-खाए व्यक्ति हैं। पर शुरू से ही आदर्शवादिता का चोला पहन रखा है। उसके तले सारा खाया-पीया हजम किया। उन्हें यह भ्रम है कि यह स्त्री उनके प्रेम में ही कुँवारी रह गई है। यह सच है कि किशोरावस्था में प्रोमिला इनसे प्रभावित थी, पर उसने किसी से प्रेम किया है, इसका आभास तो उसने कभी खुद को भी न होने दिया। हमेशा वह यही चाहती रही कि लोग उसे प्यार करें। उसे श्रेष्ठ समझें। हाँ, वह रामस्वरूप जी का आदर करती है। और इस बड़े महानगर में उनकी उपस्थिति उसे आश्वस्त भी करती है कि वह यहाँ अकेली नहीं है।

तो उस दिन रामस्वरूप जी ने उसके कंधे पर हाथ रख दिया। वह हिल गई। यह हिलना उनकी खेली-खाई आँखों से न छिपा। उन्होंने उसे गहरी आँखों से देखा। उसका हिलना इन्हें हिला तो गया पर…

धराशायी यौवन तले उसके कुँवारेपन का आकर्षण भी बीते दिनों की याद बनकर रह गया था, सहानुभूति की एक लहर उमड़ी। दिल ममता से भर गया। उनकी इच्छा हुई कि इसे सीने से लगाकर इसके माथे को सहला दूँ।

प्रोमिला उनकी ओर देखती तो शायद उनके मन की भाषा समझ लेती। पर वह अपने आप में उलझी थी। उसने अपने कंधे पर से उनके हाथ को शिष्टतापूर्वक नीचे उतारा और अपनी सधी आवाज में कहा, 'भैया, अभी मैं चलती हूँ, बाद में बातें कर लूँगी।'

और वह वहाँ से दौड़ती, लगभग भागती हुई बस स्टैंड पहुँची। वह सोच रही थी, उसकी साँसें क्यों तेज हैं? दौड़कर आने से या रामस्वरूप जी के छूने से? पर वो सोच नहीं, तय कर रही थी, बल्कि यह कहना चाहिए कि वह खुद को संबोधित कर रही थी—'अरे प्रोमिला, इस उम्र में इतनी तेज भागेगी तो साँसें फूलेंगी कि नहीं?'

आज की डाक में अम्मा की चिट्ठी आई थी। सोचा था, घर जाकर पढ़ेगी। पर घर पहुँचकर बहुत देर चुपचाप बैठी रही। रात के आठ बज रहे थे। समंदर के किनारे जो शहर होते हैं, वहाँ बहुत उमस होती है। प्रोमिला को अपना बदन अचानक चिपचिपा लगने लगा। पीठ पर से पसीने की बूँदें टपकने लगीं। जाँघों के बीच पसीने से गीला-गीला लगने लगा। दोनों पैर चिपकने लगे। कपड़े बदन पर भारी लगने लगे। उसने कमीज उतारी और एक ओर फेंक दी। सलवार का नाड़ा

खींचते-खींचते उसकी निगाह खुले दरवाजे पर गई। यह दरवाजा आँगन में खुलता है और आँगन के चारों ओर ऊँची दीवारें हैं। पर यहाँ से आसमान का एक टुकड़ा दिखता है। प्रोमिला ने आगे बढ़कर दरवाजा बंद किया और किवाड़ से लगकर हाथ में पकड़ा नाड़ा छोड़ दिया। पैर उठाकर आगे बढ़ आई।

देह पर कहीं भी चर्बी की परत नहीं। कटाव में उम्र का भराव नहीं। कुरते में ढकी ढीली-ढाली काया, कुरते से बाहर आकर अपनी सत्ता की घोषणा कर रही थी। धूप में जली थी चेहरे की त्वचा। मन की तिक्तताओं ने वहाँ असर छोड़ा था। छोटे-छोटे प्यारे-से स्तन आज भी सिर उठाए प्रतीक्षारत थे कि कोई आए और उनका मान-मर्दन करे। प्रोमिला को लगा, वे उसे उपालंभ दे रहे हैं। उसने उन्हें समझाने की कोशिश की। जीवन इतना ही तो नहीं? अपनी हथेलियों से उन्हें सहलाया, छूती रही पूरी देह को आहिस्ता-आहिस्ता। अचानक कंधे पर पड़ी रामस्वरूप जी की हथेलियाँ याद हो आईं। और वक्ष को सहलाता अपना हाथ तबदील हो गया उनके हाथ में। काँपने लगी पूरी देह। हथेलियाँ जैसे वहीं जमकर सख्त हो गईं। 'नहीं' की एक चीख कंठ से निकल होंठों में दबकर रह गई। प्रोमिला को लगा वह खड़ी नहीं रह सकेगी, वह बिछावन पर धप-से बैठ गई। एक तेज लहर जैसे लू चल रही हो। एड़ियों से माथे तक दौड़ रही थी। माथे से टप-टप पसीना टपक रहा था। प्रोमिला ने अपने आप से कहा। बहुत गर्मी है। और वह उठकर बाथरूम की ओर बढ़ गई। नल में पानी नहीं है। सुबह दो बाल्टी भरकर गई थी। एक बाल्टी उठाकर माथे पर उलट ली। कुछ पानी इधर गिरा, कुछ उधर। देह का थोड़ा हिस्सा भीग पाया। उसने दूसरी बाल्टी भी अपने ऊपर उलीच ली। अब बाथरूम-लैट्रिन के लिए भी पानी नहीं था। पर प्रोमिला यह सब नहीं सोच रही थी। वह सोच रही थी कि उम्र का यह सैंतालीसवाँ वर्ष है, आज तक इतनी गर्मी उसे कभी नहीं लगी। यह बाथरूम के भीगे फर्श पर लेट गई। कभी सीधी होती, कभी पलटती। जाने कब नींद आ गई।

सुबह जब नल में पानी आया, हाँ, वह नल खुला छोड़ देती है ताकि जब पानी आए तो उसकी आवाज से इसे मालूम पड़ जाए कि पानी आ गया और वह पूरे दिन के लिए पानी संचित कर ले।

नल से पानी की धार जब उसके वक्ष पर गिरी तो उसकी नींद खुली। हड़बड़ाकर उठने की कोशिश की तो देह अकड़ी-सी लगी। रेशे-रेशे में दर्द था। किसी तरह नल के नीचे बालटी ठेलकर बाथरूम से बाहर आई। अपनी नंगी देह देखकर उसकी भवें सिकुड़ गईं। यह कैसी हरकत थी उसकी? रात की सारी बातें

याद आ गईं। बहुत शर्मिंदा हुई प्रोमिला। अपनत्व और स्नेह की लालसा ने सताया है। घर की लालसा ने भी सताया है उसे। पर देह—नहीं, देह की भूख ने उसे अभी तक संतप्त नहीं किया था। देह की अगन से वह कभी व्याकुल नहीं हुई। प्रोमिला ने ऐसा सोचा, सोचते हुए आँखें झुका लीं। ऐसा लगा जैसे किसी ने पूछा हो—'अपने आप से आँखें चुरा रही हो?'

पर वह अधिक सोच नहीं सकी। देह दुख रही थी, जैसे पूरे बदन में फोड़े निकल आए हों। किसी तरह गले में गाउन डाला और बिस्तर पर गिर गई।

जाने कैसे-कैसे सपने? डरावने! कभी डामर की पक्की सड़क, धूप में जलती हुई और नंगे पैर भागती प्रोमिला। तलवे बचाती, कभी एड़ियाँ। कभी पूरे बदन पर बड़े-बड़े फफोले, और फफोले में भयंकर जलन। कभी नन्ही प्रोमिला…अम्मा को अँगुली थामे, 'मत रो अम्मा! पापा बहुत बुरे हैं—तुझे मारते हैं ना—मैं तुझे बचाऊँगी—मुझे बड़ी होने दे।' और फिर अचानक अम्मा बदल जातीं। उसकी शक्ल बहुत बड़ी हो जाती। वह जोर से हँसतीं हा-हा करके और नन्ही प्रोमिला को निगल जाती। कभी उसके सारे अपने! उन्हें देखकर वह खुश हो जाती। वे हँसते हुए पास आते और उसके बदन से चिपककर एक-एक फोड़ा बन जाते।

दूसरे दिन टेलीफोन की घंटी से आँख खुली। दफ्तर का फोन था। उसने अपनी अस्वस्थता की सूचना दी और फिर बिस्तर पर गिर गई।

तीन दिन, तीन रात के बाद आज प्रोमिला स्वस्थ है। कैसा है यह शहर? कैसे हैं यहाँ के लोग? किसी ने भी उसकी खबर नहीं ली। या फिर प्रोमिला ही कैसी है कि कोई उसका अपना नहीं? अपनों के नाम पर सपने याद आ गए…। अपनों का फोड़ा बनना याद हो आया। सिहर गई देह।

पेट में अभी भी ऐंठन है। हलका-हलका बुखार आज भी है। अकेले रहना है उसे। ऐसे कैसे चलेगा? वह डॉक्टर के पास गई। डॉक्टर उसे एक्जामिन कर चौंक पड़ा।

"कितने दिनों से बीमार हैं आप?"

"तीन दिनों से।"

"तीन दिनों से? बस?"

डॉक्टर चौंक पड़ा। उसने प्रोमिला को बताया कि उसके पेट में पुराना अल्सर है। आज तक उसे शिकायत कैसे नहीं हुई? उसने कहा, "पूरी अँतड़ियों को जख्मी किया हुआ है आपने।"

प्रोमिला को पल-भर यह सुनना अच्छा लगा। इतनी पीड़ा थी तभी तो उस

रात ऐसा हुआ। हाँ, वह पीड़ा का अंतर नहीं समझ सकी। वही तो, उसे देह की तपन ने कभी परेशान नहीं किया। अनिता उसे मदर टेरेसा कहती थी और रामस्वरूप जी तपस्विनी। उसकी पेशानी को मन के गौरव ने एक बार फिर उजास से भर दिया था।

डॉक्टर ने दवा दी और कहा कि दवा फायदा कर गई तो ठीक, वरना ऑपरेशन करना पड़ेगा। प्रोमिला मुस्कराती हुई चली आई। कल से दफ्तर ज्वॉइन कर लेगी। डॉक्टर को फीस देते समय पर्स में अम्मा का खत दिखा। ओफ, वह तो उसे पढ़ना ही भूल गई थी।

हलका बुखार अब भी है। पर प्रोमिला ने पूरे घर की सफाई की। बिछावन की चादर बदली। कुकर में चावल-दाल और फ्रिज में पड़ी कच्ची सब्जियों को एक साथ मिलाकर गैस पर चढ़ा दिया। यह उसका प्रिय भोजन है।

अब स्थिर से बैठकर उसने अम्मा का खत निकाला। शुभ सूचना थी। रानी को बेटा हुआ है। प्रोमिला बहुत खुश हुई। आज का दिन अच्छा है। रानी को लगभग उसने ही पाला-पोसा है। पिछले वर्ष बहुत शौक से उसका विवाह किया था। अब उसको बच्चा हुआ है। वह माँ बन गई। प्रोमिला खुश हुई, पर वह और खुश होना चाहती है। उसने रामस्वरूप जी को फोन किया।

"भैया, रानी माँ बन गई।"

उन्होंने भी पलटकर बधाई दी और उसका हाल पूछा--"तुम कैसी हो प्रोमिला?"

"मैं, मैं ठीक हूँ भैया।"

"आज दफ्तर में मालूम हुआ तुम बीमार हो।"

"बस, वैसे ही बुखार था।"

"अपना ध्यान रखा करो।"

रामस्वरूप जी के स्वर में आत्मीयता थी, स्नेह था, प्रोमिला के लिए चिंता भी। प्रोमिला चुप हो गई। पल-भर रुककर उसने कहा, 'हाँ, ठीक है भैया।' और फोन रख दिया। फोन रखकर वह कुछ ढूँढ़ने लगी। क्या ढूँढ़ रही है वह? आँखें कभी आसमान देखतीं--कभी जमीन--कभी सूनी दीवार--क्या ढूँढ़ रही है? इसका उत्तर उसके पास नहीं है।

उसने बहुत खुश होने के लिए रामस्वरूप जी को फोन किया था, पर उसे रुलाई क्यों आ रही है? कुकर सीटी मार रहा था। अम्मा की चिट्ठी बिछावन पर खुली पड़ी थी और प्रोमिला घुटनों में सिर छिपाए बैठी थी।

विष-निवृत्ति

कितनी सादी-सी पंक्ति है—'दुनिया गोल है, गोल वृत्ताकार। धरती अपने अक्ष पर गोल-गोल घूमती है। सूरज अपनी जगह पर घूमता है। समय! हाँ, समय भी तो वृत्ताकार चलता है। दुःख-सुख, फिर सुख-दुःख! एक चक्र की तरह, इतिहास की घटनाएँ भी गोल-गोल घूमती हैं। युद्ध-संधि, फिर युद्ध...

जीवन कितना छोटा है। पानी में उठे बुलबुले की तरह। लेकिन तब भी समय घटनाओं की पुनरावृत्ति करता है। चेहरे बदलकर, नाम बदलकर...

सुरेखा आँखों से तिनके पकड़ती है और सहम जाती है। खिड़की के बाहर नीचे तक झुक आए बादल हैं। सफेद रुए की तरह बादल। ऐसे जैसे हाथ बढ़ाते मुट्ठियों में आ जाएँ। पर मुट्ठियों में कुछ नहीं टिकता, फिसल ही जाता है। लाख एहतियात बरत लो।

फिसल ही तो गया। मुट्ठियों से जवान होती बेटी पर से अधिकार फिसल गया। लज्जा ने उसकी बात नहीं मानी। कॉलेज के ऐनुअल फंक्शन में नृत्य करना स्वीकार कर लिया। समय ने शक्ल बदल ली है। एक और नाम फलक पर उभर आया है। चाणक्य के सिद्धों ने फिर किसी गर्भवती को संखिया की पहली खुराक दे दी है। फिर एक विष-कन्या अपने ही जहर से तिल-तिल जलने को तैयार की जा रही है। और सुरेखा इस खिड़की से उस खिड़की और फिर वहाँ से दरवाजे तक आकुल प्राण दौड़ लगा रही है। काश, वह रोक पाती इतिहास के इस परिच्छेद को, लिखे जाने से पूर्व ही। पर उसकी सारी कोशिशें उसके हाथ से फिसल रही हैं। पिता पुत्री का समर्थन करते हैं और पुत्री माँ का, यानी वर्तमान अतीत को अँगूठा दिखा जाता है। जैसे होनी सुरेखा को मुँह चिढ़ा रही हो। सुरेखा का हृदय दहल रहा है।

वही विश्वविद्यालय, वही शिक्षक कुछ और शक्ति-संचयन के साथ। पुराने योद्धा नए शस्त्रोशास्त्र के साथ! सुरेखा होंठों पर प्रतिष्ठा के ताले लगाए—चीखती है।

'लज्जा, रुक जा।' वह ताले तोड़ नहीं पाती। लज्जा उसे सुन नहीं पाती।

और इतिहास एक कदम और आगे बढ़ता है।

रह-रहकर अतीत का अँधेरा सुरेखा की नींद उड़ा देता है। ज्ञान चुपचाप रात-रात-भर जागती सुरेखा को देखते हैं। जानते हैं, सुरेखा ने एक उस कक्ष के दरवाजे को बंद कर रखा है जहाँ बहुत कुछ दुबका हुआ है। उन्होंने सुरेखा का मान किया और उसे बंद ही रहने दिया। सुरेखा ने इस मान को सिर-माथे लिया और बेटी पर ज्ञान के एकच्छत्र अधिकार के आड़े नहीं आई। बेटी ने कहा, "पापा, इस विश्वविद्यालय में ही पढ़ूँगी।"

पिता ने कहा, "ओके बेटा।"

पुत्री ने कहा, "माँ ने अपने घुँघरू बंद कर रखे हैं, मैं निकालकर पहनूँगी।"

सुरेखा कहती, 'नहीं।' तो पिता कहते, 'नए ला दूँगा,' सो सुरेखा चुप रही। इतिहास की कूटनीतियाँ देखती रही हैं।

सुरेखा बगीचे में नंगे पैरों चलती है। पैरों के नीचे सूखे पत्ते चर-चर बजते हैं। वह चाहती है आवाज नहीं हो। कदम और धीरे करती है। पर तब भी आवाज होती है चर-चर। सुरेखा सूखे लाचार पत्तों से भी अपनी बात मनवा नहीं सकती। गुस्से में जोर से उन्हें कुचलती है। सूखे पत्तों की बारीक सूखी टहनियाँ तलवों में चुभ जाती हैं।

लज्जा ऐनुअल फंक्शन में नाची। उसके पैरों का हर प्रहार सुरेखा ने अपनी छाती पर झेला। वह नाचती रही, तालियाँ बजती रही, सुरेखा अपनी छाती भींचती रही।

हेड ऑफ द डिपार्टमेंट दामोदर झा ने कंधों से पकड़कर आधा बाँहों में भर लिया, 'हमारे विश्वविद्यालय का गौरव'। भीड़ में सुरेखा छिप गई। आग सीने में जल रही थी। दाह से पूरा शरीर भक-भक जल रहा था। ज्ञान का हाथ पकड़ लिया वरना राख बनकर वहीं ढह जाती। ज्ञान ने पल-भर उसे देखा। फिर घूम गए। पुत्री का सम्मान ज्यादा प्रीतिकर था।

घर लौटते हुए बाप-बेटी अपने बीच बैठी सुरेखा की उपस्थिति भूल गए। उत्साह और खुशी से उमगी लज्जा पिता से अपने अनुभव बताते नहीं थक रही थी। ज्ञान को जब सुरेखा का ध्यान आया तो उन्होंने उसकी अन्यमनस्कता को तोड़ने के लिए पूछ लिया—

'सुरेखा, बेटी पर ऐसी भी क्या नाराजगी कि उसकी सफलता पर भी उसे बधाई न दो।' लज्जा ने कातर-सा मुँह बनाया। जब से इस विश्वविद्यालय में दाखिला लिया है माँ खुश नहीं। वह नृत्य करे यह तो वह बिलकुल नहीं चाहती

थी।

सुरेखा ने बेटी का कातर-सा मुँह देखा। हँसने की कोशिश की, पर आँखों से सूखी रेत झर गई। ज्ञान डर गए। लज्जा थरथरा गई। फिर सुरेखा से किसी ने कुछ नहीं कहा।

ऐसे ही तो सब कुछ हुआ था। ऐसे ही कहा गया था 'विश्वविद्यालय का गौरव सुरेखा तुरियर' ऐसे ही आधी बाँहों में बँधी सुरेखा इठलाई थी। ऐसी ही उमगी थी। ऐसी ही खुश थी। इतिहास की पुरानी घटनाएँ सुरेखा के मानस पर दस्तक दे रही थीं। आगे की घटनाओं का पुनर्दर्शन वह नहीं करना चाहती। अपनी पलकें वह कसके मूँद लेती है।

लेकिन क्या पलक मूँद लेने से घटनाओं की पुनरावृत्ति वह रोक लेगी? सुरेखा चुपचाप घटनाओं को आकार लेते देख रही है। लज्जा अपनी प्रशंसा से आत्मविभोर है।

'कर्पूरगौरं करुणावतारं' की तरह गरिमा भरी है सर में।

सुरेखा के मौन ने कहा, 'बिटिया, भाग आ, उसके दाँत लंबे और नुकीले हैं वैम्पायर की तरह खून पीने वाले।'

लज्जा पुलक से भरकर कहती है, "कैसी मधुर हँसी है उनकी।"

सुरेखा काँपी, लज्जा ने शॉल लाकर माँ को उढ़ा दिया।

माँ शायद अस्वस्थ है।

सुरेखा ने आँखें बंद कर लीं। खुली आँखों को जब अँधेरे का भय हो तो बंद आँखों के अँधेरे का सहारा अच्छा लगता है। सुरेखा घबराती है तो आँखें बंद कर लेती है। लेकिन बिल्ली की तरह आँखें बंद कर विपत्ति की करीब आती आहट को कैसे नकार दे। कैसे कहे ज्ञान से कि रोक लो उसे। कैसे कहे लज्जा से 'रुक जा तू।'

तब ज्ञान नहीं थे। अमर था। ज्ञान बहुत अच्छे हैं। अमर भी बहुत अच्छा था। उसने भी नृत्य किया था, पर विश्वविद्यालय के ऐनुअल फंक्शन में नहीं किसी और सांस्कृतिक कार्यक्रम में। यही दामोदर झा तब मात्र प्राध्यापक थे और उस सांस्कृतिक कार्यक्रम के आयोजक भी। 'विश्वविद्यालय का गौरव' कहकर नजर में चढ़ाया था। फिर ऐनुअल फंक्शन में नाचने को कहा। वह चाहती भी थी, पर अमर ने मना कर दिया; कचकचाकर रह गए ये झा जी। ठंडी निगाहों से देखकर धीरे से धमकी दी मेरी बात नहीं मानी फिफ्थ इयर क्वालीफाई कर लो तो जानूँ। अपने पेपर में उन्होंने कुल सात नंबर दिए थे। लेकिन दूसरे पेपर्स के नंबर अच्छे

थे, वह क्वालीफाई कर गई। दो दाँव उनके खाली गए थे। तिलमिलाकर ऐसा चक्रव्यूह रचा, जिसमें सुरेखा फँस गई।

बंद पलकों में आँसू थरथराए। सुरेखा कुछ भी याद नहीं करना चाहती, पर ऐसा जख्म लेके उस चक्रव्यूह से निकली कि आज तक एक पल के लिए उसके विष-भरे रेशों से मुक्ति नहीं मिली। अमर तब तक खो गया। विषपूरित जीवन उसे नहीं सौंपना था। पिता ने शादी की बात की। बोझ की तरह यह गठरी किसी के भी हवाले करने को राजी हो गई। पता नहीं था ज्ञान इतने अच्छे होंगे और यहाँ भी अपराध-बोध काँटे की तरह सीने में चुभता रहेगा। सुरेखा पर ज्ञान के बहुत एहसान हैं। ये ज्ञान की अपनी उलझन है कि सुरेखा ने अपने जीवन के एक कक्ष को सदैव बंद रखा है, लेकिन उन्होंने सुरेखा से इसकी कोई पड़ताल नहीं की। पर अकसर उनकी आँखों में सवाल होता है और एक विश्वास कि एक दिन स्वयं वह अपने होंठों का ताला तोड़ देगी। काश, वैसी घड़ी न आन पड़े कि उसे यह ताला तोड़कर वह विष, जो वह अकेली अपने कंठ में सँजोकर अपनी अस्थियाँ गला रही है, सारे घर को जला दे।

'आज सर ने मुझे अपने नोट्स दिए' लज्जा की चहक हर रोज उसके खून के कुछ कतरे सुखा रही थी। फिर इस तरह की घटनाएँ आम हो गईं। लज्जा अपने सिक्स इयर के क्लासेस में व्यस्त-सी हो गई। सुरेखा के तने जबड़े ढीले पड़ने लगे। आवश्यक नहीं स्थितियाँ हमेशा एक-सी बनें। हो सकता है जो कुछ सुरेखा के साथ हुआ इसके साथ न हो। यूनिवर्सिटी में हजारों लड़कियाँ पढ़ती हैं। सबके साथ क्या सुरेखा जैसा हादसा हुआ करता है? वह पूर्वग्रह पीड़ित है। शायद वह साइकोसिस की मरीज होती जा रही है। अपने साथ पति और बेटी की जिंदगी कठिन कर रही है।

सुरेखा का डर कुछ-कुछ मंद पड़ने लगा, जिंदगी के प्रति आस्था तो नहीं, पर अविश्वास थोड़ा कमने लगा कि अचानक अखबार में मोटे अक्षरों में लिखा पाया—'लज्जा ज्ञानचंद ने अपने हेड ऑफ द डिपार्टमेंट दामोदर झा पर आक्रमण कर उन्हें घायल किया।' दोनों पति-पत्नी सुबह की चाय पी रहे थे। अचकचाकर एक-दूसरे को देखने लगे। आगे अखबार में पूरा विवरण था। लज्जा ने झा जी की दोनों टाँगों के बीच सैंडिल से आघात किया। शायद गुलदस्ता भी फेंककर मारा जो माथे पर गहरी चोट कर गया है। और वे बेहोश हो गए, लज्जा को निकलकर भागते पिऊन ने देखा, अंदर जाकर देखने पर झा ज़ी बेहोश मिले।

ज्ञान हतप्रभ थे, सुरेखा हतप्रभ नहीं थी, पर इतनी जल्दी दामोदर झा

कमीनगी पर उतर आएगा, इसकी संभावना नहीं थी। कमीना। सुंदर नाजुक लड़कियों को बहकाकर डराकर अपनी हवस का शिकार बनाता है। और लड़कियाँ न हँस पाती हैं, न रो पाती हैं, जन्म-भर दाह झेलने को रह जाती हैं। सुरेखा हतप्रभ थी तो लज्जा की निश्चिंतता से। घटना कल हुई है और वह अभी आठ बजे तक निश्चिंत सोई है? कैसे है यह लड़की? फिर गर्व हुआ बेटी पर, कायर नहीं है लज्जा। कमजोर भी नहीं, उसने सामना किया है। नहीं। समय बदलता है। घटना अवश्य दोहराई जाती है, पर स्वरूप हमेशा एक-सा नहीं होता। धरती चौबीस घंटे का जो चक्कर लगाती है, उसमें रात के बाद रात नहीं आती, दिन आता है।

सुरेखा ने ज्ञानचंद को देखा। घबराया हुआ पिता, होंठ सुखाए स्तंभित खड़ा है। 'अभी तुम्हें और स्तंभित होना है मीत, मैं भी अपने कक्ष का ताला अब खोल दूँगी। इतनी बहादुर बेटी की माँ इतनी कमजोर नहीं होगी। अपनी बेटी को टेढ़ी आँख से देखने वाले की दृष्टि सदा के लिए नीची कर दूँगी। जितनी सजा लज्जा ने दी है पर्याप्त नहीं। लज्जा की बहादुरी ने सुरेखा के भीतर के जमाव को अपनी ऊष्मा से पिघला दिया, उसके डर को अपने साहस की बैसाखी पकड़ा दी। पुराने हिसाब भी हैं झा जी से, अब और वक्त का इंतजार सुरेखा नहीं करेगी।'

लज्जा की नींद खुल चुकी थी माँ-पिता के साथ अखबार में हिस्सा बँटाने आ पहुँची। किसी को कुछ पूछना नहीं पड़ा, लज्जा अखबार का पहला पन्ना जो बिना माँगे पिता ने बढ़ा दिया था देखते ही गंभीर हो गई, सुरेखा ने पूछा, "तूने हमें कुछ बताया क्यूँ नहीं?"

रोने लगी लज्जा, "माँ, अब समझी तुम क्यों उनकी नजरों में मुझे आने से रोकती थीं। रात तीन बजे तक सोचती रही आपको यह सब कैसे बताऊँ?"

माँ ने आगे बढ़कर बेटी को छाती से लगा लिया। माँ के सीने से लगी लज्जा बिलखती रही। सुरेखा ने उसे ढाढ़स बँधाया, "तू क्यों रोए, तूने तो उसे सजा दी है। अब रोए वो, जिसके मुँह पर कालिख पुतेगी।"

"नहीं माँ, वह पता नहीं क्या बयान दे। पत्रकार मुझे भी बहुत तंग करेंगे।"

ज्ञान की जीभ को पाला मार गया था। वे सिर्फ देख रहे थे। माँ-बेटी को सुन रहे थे। शायद आज उनके चुप रहने की बारी थी।

दरवाजे पर घंटी बजी। पत्रकारों का समूह था। माँ ने धीरज नहीं खोते हुए उन्हें आदर से बुलाया और कहा, 'हम जो भी बयान देंगे, अस्पताल में उनके सामने देंगे। एक घंटे में हम वहाँ पहुँच जाएँगे—आप वहीं पहुँचें।'

यूँ तो आवश्यक नहीं था कि दामोदर झा को अस्पताल में रोका जाता, पर

इस चोट के साथ उनकी पुरानी बीमारियाँ भी उभर आई थीं और वे लाचार हो गए। शायद घर जाने में तुरंत संकोच भी हो रहा हो। अस्पताल में भी किसी को आने से मना करवा दिया है। अपनी जंग अकेले ही लड़ना चाहते हैं। जंग भी क्या एक पिद्दी-सी लड़की से। चरित्रहीन लड़की इनके उज्ज्वल चरित्र पर दाग लगाने आई थी सफल हो गई। अब सच्चाई पर कौन विश्वास करेगा। खेले-खाए दामोदर झा ने यही बयान दिया। सोच रहे थे। पासा कैसे पलट गया। सफ्फाक सफेद कुरते पे स्याही पुत गई, माथे के त्रिपुंड का रंग उतर गया। काश, उनकी मनःस्थिति आईने की तरह दीवार पर झलकती तो सुरेखा कहती वाटर लू तो नेपोलियन को भी झेलना ही पड़ा था। लज्जा वाटरलू का मैदान हो गई, जहाँ बाजी पलट गई। आँसू लज्जा के हिस्से नहीं, शर्म झा जी के हिस्से आई है।

ऐसे में वहाँ प्रवेश किया लज्जा के साथ सुरेखा ने। घायल सर्पिणी की तरह मंद हँसी थी होंठों पर। लज्जा को देखते ही दामोदर झा का ब्लडप्रेशर हाई हो गया। चीखने लगे। मुँह से थूक के छींटे निकल रहे थे। सुरेखा उनके चीखने का स्वाद ले रही थी। धीमे से बोली, "चीखना बंद करो तो अपना परिचय दूँ।" पल-भर को सचमुच दामोदर झा चुप हो गए।

"मेरा नाम सुरेखा तुरियर है पहचाना नहीं।"

बहुत सारे पन्ने पलटने पड़े दामोदर झा को, माथे पर पड़ी सिलवटें बता रही थीं, कितनी तुरियरें आईं-गईं किस-किस को याद रखूँ? पर सुरेखा तुरियर इतिहास थी। तिकड़मों का भंडार जुटाया था दामोदर झा ने इस इतिहास को पढ़ने के लिए। स्थूल मध्यवयी सुरेखा तुरियर में तन्वंगी सुरेखा तुरियर उन्हें शीघ्र ही नजर आने लगी। थोड़ा वक्त जरूर लगा, पर चेहरे पर पहचान के संकेत नजर आने लगे। उन्होंने उसे छिपाने की कोशिश की।

तभी सुरेखा पलटी। पत्रकारों की ओर घूमी और जोर से बोली, "सुनिए, आप लोग भी सुनिए, ये लड़की जिसने अपनी अस्मिता बचाने के लिए दामोदर झा को घायल किया, मेरी बेटी है और यूँ तो उसके पिता का नाम दर्ज है खातों में ज्ञानचंद, पर यह हमारे और दामोदर जी के इसी तरह के एक संबंध का परिणाम है। शायद कुछ वर्ष पहले मैं इसे साबित न कर पाती या यह घटना न घटती तो यह जहर कंठ में समेटे मैं मर जाती। पर यह इतने नीच इंसान हैं कि इन्होंने एक-दो नहीं, जाने कितनी लड़कियों को आँसू के समुद्र में ठेला है, जो मेरी तरह कंठ में जहर समेटे जी रही होंगी—अगर लज्जा प्रहार करके इन्हें लोगों के बीच न लाई होती तो मुझे भी यह बताने का अवसर न मिलता, आप चाहें तो इनकी

डी०एन०ए० जाँच करा लें।”

पुलिस आ गई थी।

अस्पताल के उस वार्ड में सभी चुप थे। जब तक सुरेखा बोलती रही दामोदर झा भी चुप थे उसके चुप होते ही वे फिर चीखने लगे। डॉक्टरों ने आकर इन्हें बाहर चले जाने को कहा। पत्रकार सुरेखा को घेर रहे थे। पर सुरेखा के पास अब कहने को कुछ नहीं था। उसने दामोदर झा को सजा दे दी थी। अभी वह लाख चिल्ला ले अपने ही रक्त-मांस को पिपासु दृष्टि से देखकर उसकी अस्मिता पर चोट करने का दोषी है वो। उसकी आत्मा उसे अब कभी माफ नहीं करेगी।

पर अपना विष उगलकर सुरेखा की जीवनी शक्ति क्षीण होने लगी। कंठ से निकलते ही विष कहीं निस्प्रभाव हो जाता है? वह तो अपने आसपास का सब कुछ जला देता है। लज्जा शर्म से नजरें नीची किए खड़ी थी···क्या वह इतने नीच व्यक्ति का रक्त-मांस है? ज्ञानचंद उसके पिता नहीं? माँ, तुमने यह जहर क्यों उगला। उफ! वह किसी बलात्कार की उपज है? जाने ऐसे कितने हजार सवाल बिच्छू की तरह उसे डंक मार रहे थे।

और जहर उगलकर निःस्पंद-सी सुरेखा ज्ञान की बाँहों का सहारा ढूँढ़ रही थी, इस जहर से उसने न जाने क्या-क्या जलाया है। बेटी की खुशियाँ अपने वैवाहिक जीवन का विश्वास। फिर भी वह शांत थी। उसके मन पर पड़ा वर्षों पुराना बोझ हट गया था, अब शायद अगर रात आए भी तो इतनी लंबी नही होगी, उसकी भोर शीघ्र होगी।

(‘दैनिक हिंदुस्तान’)

शून्य का सच

मिठी रो रही है। जार-जार रो रही है। आँसू से तकिया भीग गया है। उसकी आँखें सूज गई हैं। होंठ भी भारी हो आए हैं। क्यों रो रही है मिठी? स्वयं मिठी भी तो नहीं समझ पाती है कि क्यों जब-जब कुछ सवाल मन में उठते हैं तो उनके उत्तर में सिर्फ रोना ही आता है। प्रश्नों के उत्तर नहीं मिलते।

घंटों रोई मिठी के आँसू आखिर सूखे। पर प्रश्नों ने उसे अब भी घेरे रखा था। कितना अच्छा होता अगर जीवन में किसी प्रश्न का उत्तर ढूँढ़ना नहीं होता। किसी दूसरे के पूछे गए प्रश्नों के उत्तर नहीं देने होते। और तो और स्वयं से भी पूछे गए स्वयं के प्रश्नों के उत्तर···स्वयं को भी नहीं देने होते।

मिठी इन दिनों अकसर अपने ही मन में उठे सवालों से घिर जाती है। वैसे तो सत्रह की जो उम्र है उसकी···वह उम्र ही ऐसी होती है, जब बचपन विदाई के अंतिम पायदान पर होता है···बड़े होने, युवा कहलाने की उत्सुकता चरम पर होती है।···नई आँखों से दुनिया देखी जाने लगती है···धरती के इस छोर से क्षितिज तक सब कुछ जान लेने, हर रहस्य को भेदने की तीव्र और गुरूर-भरी आकांक्षाएँ अनायास ही सामने सवालों की दीवार-सी खड़ी कर देती है।

पर मिठी के प्रश्न उन प्रश्नों में नहीं थे। विदाई की उम्र के दो वर्ष पहले ही उसने बचपन को विदा दे दी थी। युवा कहलाने की, दिखने की अधीरता थी। सो व्यावहारिकता की कठोर जमीन पर कोमल-कोमल पैर रख दिए। बहुत खुश थी। छलाँग लगाकर उम्र की बाधा दौड़कर पार कर लिया। कुछ ही फर्लांग पर सफलता हाथ हिला-हिलाकर बुला रही थी। पंद्रह साल की मिठी उसकी ओर बढ़ती हुई इतरा रही थी। तभी···तभी वह पहला प्रश्न उस स्त्री ने उसकी ओर उछाला।

वह 'मानभंग' के सेट पर थी। वह मिठी की माँ की भूमिका कर रही थी। लगभग दोनों के सीन साथ-साथ थे। एक दिन हठात् उसने पूछा—'तुम इंटरमीडिएट में हो ना? इस तरह दिन-रात की लगातार शूटिंग से तुम्हारी पढ़ाई बाधित नहीं होती?···मम्मी-पापा नाराज नहीं होते?'

उस समय तो मिठी मुस्कराकर उसके प्रश्न को टाल गई थी। पर रह-रहकर

मुँह में फँसे बारीक केश की तरह इस प्रश्न ने उसे अपने में उलझाए रखा। 'मम्मी-पापा नाराज नहीं होते।' मिठी जान नहीं पाई कि कब यह प्रश्न मुँह से उसकी छाती में उतरा और पंजर की किसी हड्डी में फँसा रह गया। पर उस समय उसके पास इतनी व्यस्तता थी कि थोड़े समय बाद उसे भूलने में भी समय नहीं लगा। हाथों में रुपए आ रहे थे। रुपयों ने नन्ही-सी लड़की को घर में बड़ों का सम्मान दिला दिया था। मिठी खुश थी। बहुत खुश।

पर मिठी उससे बचने लगी थी। लेकिन कितना बचती? उन दिनों कई शूटिंग में वह इसके साथ थी। उस दिन जब उसने चौधरी को नमस्ते किया तो चौधरी ने उसे 'हग' किया था। यह तो आज का चलन है। मिठी मना कैसे करती, पर चौधरी ने उसे 'हग' करते हुए कितनी सफाई से अपनी हथेलियाँ उसकी टी-शर्ट के अगले हिस्से पर दौड़ाई थी कि इसका उसे एक पल के लिए तो खुद भी अहसास नहीं हुआ था। पर वह वहीं बैठी थी। चौधरी के जाते ही इसके पास आई थी। नाखुश दिख रही थी। माथे पर बल थे। धीरे से कहा था, 'बच्चे, तुम लड़कियाँ आजादी से जीना चाहती हो ना? जियो···पर उसे अपने शोषण में मत बदलने दो। हमारी मरजी के बिना कोई हमारी देह से सुख पा ले···हमें मस्ती या मात्र खेलने की चीज समझे···कलेजे में यह चुभता नहीं? इस चुभन को पहचानो और अपना सम्मान करो।'

उसकी आवाज में नाकारा क्रोध और उदासी की टूटन थी। पर मिठी को यह सब कम दिखा था···सच तो यह है कि उस समय उसकी बातों को कितनी गहराई से ले पाई थी, आज तय नहीं कर पाती, पर इतना उसे याद है कि उसकी दृष्टि में वह 'शोषित वस्तु' स्वयं बन रही थी। यह उसे अच्छा नहीं लगा था। मन ही मन उसकी तीक्ष्ण दृष्टि को चील-कौओं की दृष्टि से मिला गई थी। इस घटना के बाद भी जब तक 'मान भंग' की शूटिंग चलती रही बीच-बीच में उसे झेलना ही पड़ा था। हर बार उसका 'बच्चे' संबोधन, हर बार उसका कोई न कोई उपदेश। मिठी को उससे चिढ़ हो गई थी। वह उसे अपने सेट पर नहीं देखना चाहती थी। पर अजीब-सी बात थी, जब वह नहीं होती तो मिठी की आँखें उसे तलाश करतीं। यूँ लगता कुछ मिस कर रही है शायद। कुछ सुनना···कुछ देखना। इसे मिठी स्वीकार नहीं करती थी। पर उसका स्वयं का मन इससे कैसे इनकार करता?

आज बस एक ही साल में इतना कुछ घट गया कि सत्रह की मिठी सत्ताईस वर्ष की हो गई है। हाँ, उसने ऐसा ही कहा था। आज अपने उस बचपन को ढूँढ़ती है तो कहीं दिखता नहीं।

मिठी ने देखा अम्मा उसके पास आकर खड़ी है। उसकी उदासी, उसके गालों पर आँसू की सूखी लकीर देखकर परेशान हो गई है। पर वह उसे क्या बताए··· कैसे बताए? उसे पता है, सब कुछ सुनकर पहले तो हाय-तौबा मचाएगी, फिर शायद सारी बातों का दोष उसी पर मढ़ दे।

लेकिन इतना करके भी अगर वह उसे इस दलदल से निकालने में सफल हो जाती तो मिठी अम्मा की गोद में सिर रखकर रो लेती। कही-अनकही कह लेती। पर अव्वल तो अम्मा इसे दलदल नहीं मानती। उनके अनुसार गंदगी हर जगह होती है, बचना मनुष्य का काम है···ऐसे तो व्यक्ति कोई काम कर ही नहीं सकता। दूसरे मिठी जानती है कि उसकी बातें सुनकर अम्मा रोएगी-धोएगी, उसे गालियाँ देगी, फिर शांत होकर उसकी सारी स्थिति को स्वीकार कर लेगी। और उसकी यह स्वीकृति मिठी को तोड़ देगी।

अम्मा चाय लेकर आई थी। मिठी ने चाय ले ली। अम्मा की ओर उदास आँखों से देखा। थोड़ा हँसकर बिना उसके पूछे ही उसके प्रश्न का उत्तर दे दिया।

'परेशान मत हो अम्मा···अपने मरे हुए बचपन की बरसी मना रही हूँ आज।'

अम्मा कांस्टेबल पति की खूबसूरत पत्नी। कस्बे की दसवीं पास। पति सिपाही हैं तो क्या हुआ बहुत पैसा कमाएगा। मालती खुश रहेगी। यही मूलमंत्र कान में भरकर पतिगृह आई थी। सिपाही पति ने इसे चरितार्थ करने में अपनी जान लगा दी। दो-दो सस्पेंशन के रिवार्ड के साथ बिना प्रोमोशन नौकरी के बीस वर्ष के बाद भी सिपाही ही था।

अपनी लेडी ऑफिसर को देखकर अनायास सपने देखने लगता कि उसकी मिठी एक दिन इस ऑफिसर से भी बड़ी ऑफिसर···आई०पी०एस० अफसर बनेगी। पर चाहकर भी वह अपनी बेटी को वह वातावरण नहीं दे पाया, जहाँ से उसकी बेटी उसके सपनों की मंजिल तक पहुँच पाती। मालती को आधुनिक कहलाने का शौक था। उसके लिए आधुनिकता का अर्थ अच्छे नए फैशन के कपड़े, जूते···फिल्म देखना···मॉडलिंग···परंपरागत जीवन का विरोध···और इन सबके लिए ढेर-सा पैसा होना बस यही था। सो घर में हर वक्त रुपए-पैसे, फैशन और सिनेमास्टार्स की बातें होती रहतीं। मिठी क्या मिठी के दोनों छोटे भाई-बहन भी पढ़ने में रुचि नहीं लेते। उसकी समझ में नहीं आता कि वह क्या करे। एक तो उसके पास समय नहीं था। और समय मिलता भी तो वह उन्हें फैशन की रसीली बातों से खींचकर पाठ्यपुस्तकों की रूखी दुनिया में खींच नहीं पाता। और अंततः उसने स्थिति को यथावत् स्वीकार कर लिया।

जब मालती की दोस्त वंदना जो दूरदर्शन में मेकअप वुमेन थी, मिठी के लिए एक सीरियल का प्रस्ताव लेके आई थी तो घरवालों के साथ-साथ उसे भी अच्छा लगा था। चलो, कुछ बढ़िया हुआ। मिठी को टी०वी० स्क्रीन पर देखकर खुश भी बहुत हुआ था। दोस्तों इष्टमित्रों को बताया था। लेकिन इस शुरुआत के बाद जो मिठी की दौड़ शुरू हुई··· महीनों-महीनों बाहर रहने लगी। वह दूरदर्शन तक सीमित नहीं रही। आज मैथिली फिल्म की शूटिंग है, कल फलाँ की। किसी दिन शहर में ही शूटिंग है तो बारह बजे रात को लौट रही है। उस सीधे-साधे राजपूत सिपाही को यह सब अच्छा नहीं लग रहा था, पर पत्नी बहुत खुश थी मिठी की अम्मा के पैर जमीन पर नहीं पड़ रहे थे। घर पर एक्स्ट्रा आने वाले मिठी के पैसों से बरक्कत आ रही थी। देर-सबेर की क्या बात? बाहर जाकर काम करने में देर-सबेर तो होती ही रहती है। आप क्या देर-सबेर नहीं आते? 'काम करेगी तो यह सब तो होना ही है।' यूँ तो बात सही थी। पर कहीं तब भी कुछ खटक रहा था मन में। पर पत्नी की आसमान छूती खुशी ने सिपाही हरिश्चंद्र सिंह को बेटी को रोकने से रोक दिया। रोक तो दिया, पर अपनी ही निगाहों में बौना बना दिया। जो वह नहीं कर सका वह बेटी कर रही है। और जो बेटी कर रही है, उसे नहीं करना चाहिए··· अभी तो उसके पढ़ने-लिखने के दिन हैं। पर वह उसे रोक नहीं सकता। और रही पत्नी? तो उसे भी वह सँभाल नहीं सकता। वह उसे ही पलटकर इतना समझाना शुरू करेगी कि वह चुप हो जाएगा। उसका भोलापन पकती उम्र में नासमझी की शक्ल ले चुका है।

वही भोली-भाली, मिठी के पापा के शब्दों में नासमझ-सी अम्मा सचमुच मिठी की बात नहीं समझ पाई। कैसी उलटी-सीधी बातें करने लगी है उसकी कमाऊ बेटी? किस बचपन के मौत की बात कर रही है?

मिठी जानती है अम्मा क्या सोच रही होगी, पर मिठी फिर सोचने लगी रात की बात, जिसने फिर कई सवाल उसके आगे रख दिए थे। और ये सवाल उसे पागल कर देते हैं।

कल रात मिठी हाजीपुर में नाइट सीन के लिए शूट करने गई थी। वहाँ वह भी आई हुई थी। कोई छोटा-सा महत्त्वपूर्ण सीन था उसका। लगभग एक साल के बाद वे आमने-सामने थे। एक साल में कितना कुछ हुआ भूकंप, कैटरीना, रीटा। दुनिया के नक्शे में कितना कुछ बदला; कितना कुछ ध्वंस हुआ, लेकिन उपलब्धियाँ ··कुछ खास नहीं। उसे देखते ही मिठी के भीतर कुछ सिमटने लगा। सकुचाने लगा। पर वह इसे अनदेखा कर दूसरे कलाकारों के पास बैठ गई। वह आदतन

कम उम्र के कलाकारों के पास बैठी उन्हें भड़का रही थी।

'इस शहर में रहकर फिल्मों से तुम थोड़े रुपए कमा सकते हो रानी या करीना…सलमान या फरदीन नहीं बन सकते।'

तभी उसने मिठी को देखा…एक नजर के बाद थोड़ा गौर से देखा। 'हैलो' उसने ही पहल किया। मिठी ने उसे 'नमस्ते' भी नहीं की, पर मिठी को गौर से देखने के बाद उसका चेहरा पथराया था। वैसे ही पथराए चेहरे से उसने धीमी आवाज में कहा, 'मोटी हो गई हो…ना सिर्फ कूल्हे चौड़े हो गए हैं।' पता नहीं क्या था उसकी आँखों में…दर्द-क्रोध-लाचारी। मिठी समझ तो नहीं पाई। पर देह के भीतर अगर कुछ प्राणवान् होता है तो उसमें कँपकँपी हो गई। मिठी ने तत्परता से अपनी इस कँपकँपी को नियंत्रित किया और जितनी रूखी हो सकती, उतनी रूखी होकर उसकी उस बात का जवाब दिया, जो उसने इससे नहीं कहा था। सिर्फ उसका अपमान करने के लिए।

'हम सब बच्चे नहीं हैं…हमें करीना बनना है या रानी या पैसे कमाने हैं…यह हम जानते हैं…प्लीज! उसने थप से दोनों हाथ यूँ प्रणाम की मुद्रा में जोड़े कि कह रही हैं कि आप बस करें।'

उसके साथी कलाकार भी भौचक रह गए थे। यह मिठी ऐसे क्यों बोल रही है…इन्होंने कुछ गलत तो नहीं कहा?

वह भी थोड़ा हँसी थी और बोली, 'बेटा, मैंने आपसे तो नहीं कहा था …यह तो… ।' और वह चुप हो गई थी। लेकिन ज्यादा देर नहीं। अधूरी बातों का छोर पकड़कर टूटे शब्दों से उसने वहाँ के रूखे सन्नाटे में अपनी उदासी बिखेरी थी।

'गुजरते बचपन और आते यौवन का संधिस्थल होती है आपकी उम्र।…इनके सुंदर और निर्दोष अनुभव जलतरंग की तरह मन की तहों में बजते हैं। अनोखी ऊर्जा देते हैं। उदासी के लम्हों में खुशियाँ बिखेरते हैं…काश, मैं बता पाती आज की अंधी दौड़ के धावकों को…जो सत्रह की उम्र में सत्ताईस के हो चुके हैं। काश, मैं बता पाती इस उम्र की निर्दोषिता।'

निःसंदेह उसके ये उपदेश किसी को भाए नहीं थे। आउटडेटेड वोमेन। मिठी को तो वह वैसे भी पसंद नहीं थी। वह वहाँ से हट गई। लेकिन उसकी बातों में कुछ होता है, जो मिठी को बेचैन करता है। धीरे-धीरे उसकी कही बात से सैकड़ों सवाल बिच्छुओं की तरह निकलकर उसके आसपास मँडराने लगते हैं। उसे दंश देने लगते हैं…और एक सवाल उन सभी सवालों से अलग उसके मन में मोटे

अक्षरों में उभरता है···

'अगर ये बातें अम्मा बोलतीं तो···या···या···वह ही उसकी अम्मा होतीं?'

अम्मा अब भी मिठी की कही बातों में उलझी हुई थीं। किस बचपन की मौत हुई?···अंत में बिना समझे इस बात को किनारे किया। कोई बात हुई होगी। सिनेमा में काम करती है···डॉयलाग मारने की आदत हो गई है। थोड़ी देर में सँभल जाएगी। यही होशियारी लगी कि अभी इस विषय पर चुप ही रहना चाहिए। उसने धीरे से कहा, 'बेटा हरीशपंकज का फोन आया था···कल से उनकी डेट्स है।'

मिठी खाली-खाली आँखों से अम्मा को देखती रही, शायद वह एक गहरी साँस लेती। पर वह भी कलेजे में कैद हो गई। दम घुटता है मिठी का···किससे शेयर करें···कहाँ जाएँ?

'बेटा, फ्लैट वाले को अगली किस्त देनी है···'

'मुझे याद है अम्मा!'

मिठी बहुत संतुलित है। वाकई अपनी उम्र से दस साल बड़ा है उसका संतुलन। 'और पता है तुझे···' अम्मा की खुशी आँखों में नाच रही थी। शायद वह यही बताने भी आई थी।

'चिनी ने एक म्यूजिक एलबम साइन किया है।'

मिठी उठ खड़ी हुई।···अम्मा तो आज उसे स्वयं से भी छोटी नजर आई। बड़ी उम्र की एक बच्ची औरत।

'अम्मा! चिनी अभी दसवीं में पढ़ती है···उसे अच्छे नंबरों से टेंथ निकलना है···बख्शो उसे।'

अम्मा को मिठी का अंदाज पसंद नहीं आया। 'बख्शो' का मतलब।

चिनी दरवाजे पर खड़ी थी। मिठी ने उसे भी तमककर जाते हुए देखा।

मिठी चिनी को नहीं समझा सकती। उसे पता है वह वही करेगी, जो चाहेगी। अम्मा ने मिठी के भिंचे होंठ देखे। जान लिया अब वह कुछ नहीं बोलेगी। रोष-भरी आँखों से बेटी को देखा और कमरे से निकल गई। मिठी एक बार फिर अपने सवालों और सूखे आँसू के साथ अकेली थी। कितनी देर···और कितनी देर ···इन उदासियों के सुपुर्द रहेगी वह? उसने खुद को झटका। सवालों को तहाकर मन के कोने में रख दिया। समय नहीं है सवालों में उलझने का, पीछे पलटकर देखने का भी। क्योंकि आज जो रुका···वह चूक गया। अब इतना दर्द समेटकर वह चूकना नहीं चाहती। दर्द की कीमत बटोरना चाहती है। दर्द की कीमत है मंजिल।···फिर ···फिर एक सवाल मन में उठने ही वाला था···। मंजिल का पता है तुम्हें? मिठी

ने इस प्रश्न को झट से धकिया दिया। अरे, आज यहाँ अस्सी हजार लेने वाली पहली अभिनेत्री है वह। यह सोचते ही मिटी ने मुस्कराने की कोशिश की, पर मुस्करा नहीं सकी···'कूल्हे चौड़े हो गए हैं।' इसका मतलब?

मिठी ने फिर एक बार सिर झटका और कमरे से बाहर आ गई। फिर अटकी। बरामदे पर बड़ी-सी डाइनिंग टेबल। टेबल के ठीक ऊपर दीवार पर लगी बड़ी-सी पोस्टर। वियतनामी लड़की की आँखों से टपकता आँसू। कभी यह तस्वीर उसे बहुत अच्छी लगती थी। अब नहीं लगती। वियतनामी लड़की उसे मिरर से झाँकती अपनी तस्वीर लगती है। और फिर उसे सवाल घेर लेते हैं। क्यों लगता है उसे ऐसा? यह किस तरह का अकेलापन है, जो उसके भीतर उतर गया है। यह राह तो उसने खुद चुनी थी। पर क्या उस समय वह इस लायक हो चुकी थी कि जीवन के लिए कोई दिशा निश्चित कर सके? क्या इतनी योग्यता थी उसमें? या अभी ही कोई निर्णय लेते हुए वह तय कर पाती कि यह सही है या गलत? इस उम्र में भी बड़ों की राय अहमियत रखती है और तब तो··· । मिठी ने उदास आँखों से अम्मा को देखा।

अम्मा बरामदे में ही खड़ी है। एकटक उसे ही देख रही थी। सोच रही है, पता नहीं क्या हो गया है उसकी बेटी को इन दिनों? लगाई होगी पड़ोसिनों ने नजर। किसी की इतनी बड़ी बेटी कमाऊ जो नहीं है···अभी तो कोई अपनी बेटी को डॉक्टरी पढ़ाने के लिए, कोई अपने बेटे को इंजीनियरिंग पढ़ाने के लिए बैंक से लोन ही ले रहे हैं। मेरी मिठी तो बाप के लोन की किस्तें चुका रही है। अम्मा ने सोचा आज रात राई-मिर्च से उसकी नजर उतार देगी।

'मिठी, यह रोल तुम्हारे लिए है बेटा!' अधेड़ चितरंजन ने उसे अपनी बाँहों में आधा भरते हुए कहा। वह ऐसा कर सकता है। एक तो वह उसकी पिता की उम्र का है। दूसरे उसे 'बेटा' का संबोधन दे रहा है। तीसरे यह मुंबइया फिल्मी संस्कृति है, जो सरकते-सरकते पटना के पॉलीवुड में हाथ-पाँव पसार रही है। लेकिन उसके इधर-उधर फिसलते हाथ उसे स्पष्ट बता देते हैं कि वह पिता जैसा अंकल नहीं है। हालाँकि अब दह इन सबकी अभ्यस्त हो गई है। पर शुरू में इन सारी बातों को न रोक पाती थी, न ही स्वीकार कर पाती थी। कभी लगता, यह सब इस दुनिया की संस्कृति है···उसे बेवकूफ या पिछड़ा हुआ नहीं दिखना है। लेकिन अगले ही पल पिता की उम्र के व्यक्ति का लिजलिजा स्पर्श वितृष्णा से भर देता। न रोक पाना, न स्वीकार कर पाना। ऐसी घड़ियों में अकसर उसके सिर में घंटियाँ बजने लगती थीं। कभी-कभी घंटियों का प्रहार इतना तेज होता कि पीड़ा

चेहरे पर भी उभर आती। पर अब अगर माथे में घंटियों का प्रहार भी होता है तो होंठों पर हमेशा चिपकी रहने वाली प्लास्टिक की मुस्कान पर कोई फर्क नहीं पड़ता। इन सबका उसने कहीं से कोई गुरु मंत्र नहीं लिया। पानी में उतरने पर पैरों ने जैसे अपने आप ही हाथ-पाँव मारकर तैरना सीख लिया।

साइनिंग एमाउंट लेकर उसे रिक्शे पर लौटना अच्छा नहीं लगता। पर अभी गाड़ी नहीं खरीद सकती। फ्लैट की किस्त भी देनी होती है। पापा का पैसा तो खाना-पानी में ही खर्च हो जाता है। और फिर यहाँ फिल्में उतनी बनती भी कहाँ हैं। इन दिनों भोजपुरी फिल्मों का ट्रेंड चला तो है, पर ये लोग भी उसे चलाने के लिए मुख्य भूमिका में कोलकाता, मुंबई की बी ग्रेड, सी ग्रेड हीरोइंस को ले लेते हैं। खास पैसा तो उन्हीं भूमिकाओं में मिलता है। हाँ, ये है कि साइड वाली मुख्य भूमिकाओं में वे मिठी के बाद ही किसी को अहमियत देते हैं।

लेकिन सेकेंड हैंड कार तो ले ही सकती है। मिठी के चेहरे पर उत्तेजना-भरी खुशी चमकने लगी। हरीशपंकज से कहेगी कि कोई इंतजाम करो। मिठी सारे तनावों से बाहर आ गई। गाड़ी पर बैठना बहुत सुखद है, वह भी अपनी गाड़ी। मिठी ने पल-भर को पलकें बंद कीं। सुंदर सफेद मारुति एट हंड्रेड। सपने! सपने सुख देते हैं।

ऐसे ही एक-एक दिन बीत रहा है मिठी का। कभी सपने...कभी द्वंद्व...कभी उदासी...और उपलब्धि? थोड़े-बहुत साइड रोल्स। मिठी की तरह पटना में ढेर सारी अभिनेत्रियाँ कुकुरमुत्ते की तरह उग आई हैं। उनमें से अधिकांश सेल्युलाइड पर आने के लिए कुछ भी कर सकती हैं। मिठी को उनसे ज्यादा काम या ज्यादा पैसा मिलता है। क्यों? यह अम्मा नहीं जानतीं...या इस पर सोचती नहीं, पर अब मिठी जानने लगी है। पहले तो वह भी अपने को नायाब अभिनेत्री समझने के मुगालते में थी।

गुड्डू ने बताया उसे कि उसके पास रूप है, अभिनय है और खूबसूरत-सी कमसिन देह है। मार्केट में रहने के लिए सबका समानुपातिक व्यवहार करना है। यानी जहाँ...जैसी...जिसकी जरूरत।

वैसे गुड्डू को याद करती है तो दिल दुखता है। वह उसे अच्छा लगने लगा था। पहली-पहली बार उसे लगा कि वह किसी को चाहने लगी है। नॉटी सिक्सटीन ने मिठी पर यह जादू चलाया था या गुड्डू की बातों ने, मिठी यह तय नहीं कर पाई। पर जादू तो चला था।

उसकी सुंदरता की प्रशंसा तो सभी करते थे और आज भी करते हैं। पर

गुड्डू उसे सातवें आसमान पर पहुँचा देता था। मिठी उसकी फिल्म में एक महत्त्वपूर्ण भूमिका कर रही थी। गुड्डू कहता था, हीरोइन तो सिर्फ पेड़ों के इर्द-गिर्द लहँगा पहनकर नाचने के लिए है।···देखना, तुम्हें इस इंडस्ट्री में कहाँ पहुँचाता हूँ। मिठी सपने में खो जाती। क्षेत्रीय फिल्में पहली पायदान बनेंगी और फिर···। और जब वह पूछता चोटी पर पहुँचकर मुझ गरीब को भूल तो न जाओगी? मिठी अनायास चोटी पर पहुँच जाती। उसे बाँहों में भरकर आश्वस्त करती। उसकी कोई हरकत उसे बुरी नहीं लगती थी। यहाँ तक कि फिल्म के फाइनेंस के लिए जब लोन सेंक्शन कराना था, गुड्डू ने उसे मंत्री जी तक पहुँचा दिया। तब भी मिठी को बुरा नहीं लगा। यह आश्चर्य की बात थी। पर यह सच था। उस बूढ़े मंत्री की लिजलिजी हरकतें···उसका असह्य साथ वह सह गई थी। वह फिल्म उसकी थी,उसके गुड्डू की थी। उसके पूरे होने पर ही उनका भविष्य निर्भर करता था।

वैसे भी गुड्डू के साथ वह कितनी नई बातें सीख रही थी। उसका भी तो असर था। वह कहता···'देह से ऊपर उठो' आत्मा की आवाज सुनो, मन के साथ चलो···जब तक यह देह खूबसूरत है इसकी खूबसूरती का इस्तेमाल करो···जब तब इसमें ऊर्जा है परिश्रम करो। यह तो है ही बस, यूज करने के लिए। हमारा अस्तित्व तो हमारी आत्मा है जहाँ प्यार बसता है।···नई बातें—अनहोनी-सी बातें! मगर सच दिखती हुई। ऐसी बातें मिठी को एक नई दुनिया का परिचय देने लगतीं। गुड्डू मिठी की आँखें बन चुका था। और उन्हीं आँखों से वह दुनिया देख रही थी।

लेकिन गुड्डू की अगली फिल्म में वह नहीं, निशा थी। एक दूसरी लड़की। गुड्डू ने कहा था, 'बी प्रैक्टिकल बेबी···हमारी आत्माएँ तो सदा के लिए एक हो चुकी हैं···यह सब तो बाहरी रोजगार से जुड़ी बातें हैं···देह से जुड़ी बातें।'

टूटती तो हार जाती मिठी। मिठी को हारना नहीं था। वह अधिक सुंदर, अधिक कैपेबल अभिनेत्री है, यह साबित करना था। उसने दूसरा कैंप ज्वॉइन किया। फिर वही सारी बातें···वही प्यार का कलेवर। मिठी को आगे बढ़ना है। क्या फर्क पड़ता है? जैसे एक वैसे अनेक। विज्ञान ने उन्नति कर ली है। माँ नहीं बनो···बस। समाज का मुँह बंद रखने के लिए इतना बहुत है।

लेकिन मिठी अकेली हो गई है। गुड्डू के बाद कोई उसका अंतरंग नहीं हुआ। वैसे दिखता तो पास आने वाला हर शख्स अंतरंग है। पर होता कोई नहीं। भीड़ में अकेला होना किसे कहते हैं, वह जान चुकी है। इसलिए कभी सपने

देखकर खुश हो लेती है, कभी सपनों की सुखद पूर्ति पर। घर में पिता की तरह उसका भी सम्मान है। पैसा कमाकर लाती है। रौब है उसका। इस रौब का भी सुख है। हाँ, वह एकांत से भागती है, जहाँ उसके मन के बहुत भीतर...वो आवाज, जिसे वह कुछ दिन पहले तक सुन नहीं पाई थी...जिसकी शक्ल उसकी मन की आँखों ने नहीं देखा था, वह उसे बड़े स्पष्ट दिखाई और सुनाई देने लगे थे। वह...उसका खोया हुआ बचपन...कॉलेज की बातें...कंपटीशन की बातें, माँ-बाप से लाड़-प्यार...मान-मनौवल, जो उसने कभी किया नहीं। कॉलेज में एडमिशन-भर ही तो लिया था। प्रीति जिंटा वगैरह तो अपनी शिक्षा पूरी करके फिल्मों में आईं। पकी उम्र की थी। सही-गलत तय कर सकती थी। वह अपनी माँ की उन पड़ोसिनों से भी भागती है, जिनके बच्चे अब अगले वर्षों में बड़ी-सी डिग्रियाँ लेकर लौटने वाले हैं। वह जानने लगी है कि अगर वह मुंबई की फिल्मों तक ना पहुँची तो उसकी उपलब्धि शून्य होगी। पाने के अनुपात से खोना बहुत ज्यादा होगा। अभी तक सिर्फ खोया है मिठी ने। पाने के नाम पर सिर्फ चंद रुपए। यह कीमत है, उपलब्धि नहीं। मिठी खुद को अकसर समझाने की कोशिश करती है कि यह खोना उसका रास्ता है, जिससे होकर वह मंजिल तक पहुँच सकती है।

मिठी इस तरह के कनफेशन से भी भागती है, पर कभी-कभी पागलपन के दौरे की तरह यह उस पर हावी हो जाता है, लेकिन समय और स्थितियाँ बहुत बलवान हैं। और उससे भी बलवान होती है मनुष्य की जिजीविषा। महत्त्वाकांक्षाओं की जिजीविषा। वह भी इन बातों की आदी हो गई है। हाँ, शायद पूरी तरह कीचड़ में ही साँस लेने वाला कीड़ा नहीं बन पाई है। सो बार-बार अपनी देह के कलेवर में लौट आती है। मिठी अपने मन में उठते सवालों से घिरती है, पर यह समय बहुत थोड़ा होता है। पैसा भी बहुत बड़ी चीज है। शायद इस नई दुनिया की सबसे बड़ी उपलब्धि। बड़ी-बड़ी डिग्रियाँ भी तो पैसों के लिए ही अर्जित की जाती हैं। और शोषण कहाँ नहीं होता?

यह बात मिठी के घर के लोग ज्यादा अच्छी तरह समझते हैं। मिठी चिनी को एलबम करने से रोक रही है। इस पर घर में रोज तमाशे हो रहे हैं। पिता को मिठी की बात सही लगी और उनके विटो ने इस एलबम के लिए उसे रोक तो दिया, पर शायद अगली बार ऐसा न हो। अम्मा और चिनी दोनों उससे नाराज हैं। वह कर क्या सकती है? आगे जो हो, उसका नसीब!

समय पंख लगाकर उड़ता है। उसकी उड़ान अपनी गति का अहसास गंतव्य या यूँ कहें किसी अगले पड़ाव पर जाकर ही देता है, भले ही वह पड़ाव आपका

याचित हो या न हो। कुछ वर्ष और निकल गए।

मिठी पच्चीस वर्ष की हो गई। वह अब भी वैसी ही सुंदर है। उसके हिसाब से उसे मंजिल तो नहीं मिली, पर रास्ता उसने काफी तय कर लिया है। मंजिल उसे बहुत पास दिख रही है। पिछले आठ-दस महीनों से उसे दक्षिण भारत की फिल्मों में काम मिल रहा है, यह अच्छी प्रगति है। वह अकसर प्लेन से चेन्नई जाती है। खूब सारा मेकअप करती है। डिजाइनर्स ड्रेसेज पहनती है। लेकिन इसके साथ कुछ और भी घटनाएँ घटीं, जो दुःखद थीं। चिनी घर से भाग गई। उसका कुछ भी पता नहीं चला। किसी अपराधी की गोली से पिता दिवंगत हुए। छोटा भाई···दस-दस दिन घर से बाहर रहता है···कहाँ रहता है मिठी नहीं जानती। पूछने पर भदेश गालियों के साथ उसका घूरना, मिठी नहीं सह पाती, सो अब पूछती नहीं। अम्मा का चिनी के नाम पर रोना-बिलखना, ऐसी संतान के साथ अकेला छोड़ जाने के लिए पिता को कोसना, कभी बेटे की सुमति के लिए इस तांत्रिक के पास, कभी उस साधु के पास जाना। कभी मंदिर में घंटा बाँधना, कभी किसी मजार पर चादर चढ़ाना। मिठी इन सबसे तटस्थ हो चली है। उसे लगभग उसके हाल पर छोड़ दिया है। उसे भी इसके रुपए से मतलब है, यह क्या करती है, कहाँ जाती है, इसकी अम्मा को न पहले फिक्र थी, न अब है। वह सोचती है कि मिठी समर्थ है। ग्लैमर की दुनिया में है। सुख ही सुख है उसके आगे। थोड़ी नाराज भी है कि भाई को रोकती नहीं···कुछ कहती नहीं।

परसों उसे चेन्नई जाना है, पर उसे फिर बुखार हो आया है। इधर महीने-दो महीने से उसे लगातार बुखार आ रहा है। डिस्प्रिन वगैरह लेकर काम चलाती रही है। पर इन दिनों बुखार के साथ मुँह में छाले भर आए हैं। कुछ खा भी नहीं पा रही थी। इसलिए डॉक्टर को भी दिखला लिया। डॉक्टर तो इतनी सारी जाँच लिख देते हैं कि पूछो ही मत। खैर, सारी जाँच भी करवा ली है, आज रिपोर्ट आ जाएगी तो दवाएँ चालू हो जाएँगी। बुखार की वजह से काम में बहुत दिक्कतें आ रही हैं। घर में कोई नहीं है। छह बजे रिपोर्ट मिलेगी। मिठी ने ड्राइवर को रिपोर्ट लाने को कहा और खुद बालकनी में निकल आई। इतने इत्मीनान की घड़ियाँ कम मिलती हैं, उसे पता नहीं रिपोर्ट में क्या होगा? डॉक्टर ने एच०आई०वी० टेस्ट भी करवाया है। पूछने पर डॉक्टर ने कहा था प्रीकॉशन के लिए। करा लेना चाहिए।

एकाएक मिठी को डर लगा। टी०वी० के प्रचार याद आ गए। असंतुलित-असुरक्षित यौन-जीवन से बचें···एड्स से बचें। असंतुलित सेक्स जीवन तो है ही। अत्याधुनिक ग्लोबल सिविलाइजेशन की सर्टिफिकेटिड प्रॉस्टीच्यूट। नहीं, अब नहीं

सिहरती मिठी। न ही उसकी आत्मा कचोटती है। कैसी आत्मा···कैसा जमीर? जो पुरुष इसके साथ सोते हैं···उन सबकी आत्मा, उन सबका कोई जमीर नहीं होता तो मिठी का ही क्यों? लेकिन वह आज की सजग स्त्री है। एड्स के बचाव के प्रचार हमेशा देखती है। उसने हमेशा प्रीकॉशन से काम लिया है। कंडोम का यूज हमेशा रहा है।

फिर भी···इतने लोगों···। धीरे-धीरे मिठी महसूस कर रही है कि उसकी हिम्मत कम होती जा रही है। वह डर रही है···रिपोर्ट में क्या होगा? नहीं···वह एच०आई०वी० पॉजिटिव नहीं हो सकती। वह हमेशा सजग रही है।···पर हैदराबाद में?

मिठी सैमुअल के साथ हैदराबाद गई थी। सैमुअल का चाचा साउथ में कैमरामैन है। उसके जरिए इसे साउथ की किसी मूवी में काम मिला था। उसने मिठी को भी काम दिलवाया। पहली बार मिठी ने वैसी अद्भुत भूमिका निभाई। एक गूँगी लड़की की। उस फिल्म में उसने किसी सफेदपोश का भेद खोल दिया था, जिसकी सजा में उस सफेदपोश ने उसका सामूहिक बलात्कार करवाया। बहुत तारीफ हुई थी उसके काम की। सैमुअल ने उसी मूवी में एक गैंगस्टर की भूमिका निभाई, जो बहुत छोटी थी। और जिसके पैसे भी उसे बहुत कम मिले थे। मिठी को आश्चर्य भी हुआ था कि सैमुअल ने उसके लिए इतना क्यों किया? दोनों की वैसी कोई दोस्ती भी नहीं थी।

फिर भी वह बहुत खुश थी। कारण जो भी हो···यह उम्मीद क्या कम थी कि यहाँ से बॉलीवुड की दूरी और कम हो गई है। रात में सैमुअल ने उससे कमीशन माँगा। उसे पैसे नहीं चाहिए थे। हँसकर बोला था, 'वो तो मैं कमा लूँगा।' मिठी को भी कोई एतराज़ नहीं था। पर सैमुअल अधिक देर रुका नहीं। चला गया। उसके जाने के बाद मिठी सोने की कोशिश ही कर रही थी कि वे तीन प्रकट हो गए। कहाँ से, किधर से, यह नहीं समझ पाई। वे तीन वही थे, जिन्होंने फिल्म में उसके बलात्कार को फिल्माया था।

आज उस लम्हे को याद करते हुए मिठी सहज है, क्योंकि यूज्ड टु हो चुकी है। पर उस दिन डर गई थी। बुरी तरह डर गई थी। अभी तक सेक्स को अनिच्छा होने पर भी सॉफ्टली जिया था। बलात्कार की कल्पना से डर गई। वह चीखती उसके पहले एक ने आगे बढ़कर पहले मुँह दबा दिया, दूसरे ने हाथ-पैर बाँध दिए। मुँह पर टेप लगा दिया। पर मिठी की आँखें खुली थीं। उसने देखा कि एक के हाथ में कैमरा है। मिठी की आँखों से आँसू बहते रहे और वे दरिंदे अपना काम करते

रहे। वह समझ गई थी कि आज हिंदी फिल्म की जगह पोर्नो की नायिका बन गई है।

जाने से पहले उन्होंने तीस हजार की गड्डी उसके आगे फेंक दी। बिलकुल सहज थे वे लोग। उसी सहजता से कहा, इतने ही सैमुअल को देने हैं। उसके बंधनों को खोलते हुए कहा, 'सैमुअल ने कहा था कि तुम आसानी से मान जाएगा, पर बाँधता नहीं तो नेचुरल नहीं होना था ना…ऑडिएंस का मजा कम आता। तो बिजनेस खराब होता! सो…तुम्हारा भी चेंज हुआ।' दूसरा हँसा था और बोला, 'कल भी आएगा…कुछ नया एक्सपेरिमेंट…डरेगा नई ना?'

सुबह तक मिठी रोती रही। क्यों रोई, वह स्वयं नहीं समझ पाई। उसकी देह का इस्तेमाल तो हर डायरेक्टर-प्रोड्यूसर करता है। इन लोगों ने ही किया तो क्या? पर…इतना इसलिए सहती रही थी कि एक दिन हिंदी फिल्मों तक पहुँच जाएगी…बड़ी हीरोइन बन जाएगी तो किसी की मजाल नहीं होगी उससे उसकी देह की डिमांड रिश्वत के तौर पर करने की…बल्कि वह डिमांड करेगी…शर्त रखेगी। हुआ क्या? वह ब्लू फिल्मों की हीरोइन हो गई। वह सैमुअल से मिले बिना ही लौट आई। बाद में सैमुअल बहुत नाराज हुआ था।

'सती-सावित्री है क्या…जैसे चार, वैसे सात क्या फर्क पड़ता है तुझे? पता है, तेरा काम देखकर तुझे वहाँ और कई काम के लिए बुलाया जा रहा है…वहाँ से मुंबई के दरवाजे भी खुलते हैं। और पैसा भी यहाँ से तो दुगना मिलता ही है।…तीन दिन का कॉन्ट्रेक्ट था…घाटा करा दिया।'

बाद में सोचा, सच ही तो, जैसे चार, वैसे सात! शायद मुंबई का दरवाजा इस सँकरी गली से गुजरने के बाद ही खुले। कहते हैं न कि जब एकदम अँधेरा हो जाता है तो रोशनी की किरण भी दिखने लगती है। और मिठी ने वह सब भी स्वीकार कर लिया। दक्षिण में उसे लगातार काम मिला। और वहाँ की ख्याति ने यहाँ भी इसके भाव बढ़ा दिए। कुछ भोजपुरी फिल्मों में मुख्य भूमिका भी कर रही है। हिंदी फिल्मों के लिए भी बात चल रही है…मन शांत हो चला है। बैंक में अच्छा-खासा बैलेंस है। लॉकर में जेवरात हैं। अपना फ्लैट, गाड़ी, ड्राइवर…सब कुछ। अचानक मुस्कराते-मुस्कराते मिठी के होंठ सिमट गए। ड्राइवर आया नहीं अभी तक। आता ही होगा। शायद रिपोर्ट में कुछ नहीं होगा…ऐसा ही बीकोलाई या इकोलाई की वजह से बुखार आ रहा होगा।

मन की परेशानी में मिठी कब उठकर कमरे में चहलकदमी करने लगी, खुद उसे पता नहीं चला। कभी वह खिड़की के पास जा खड़ी होती…कभी टेबल के

पास···कभी पलंग के सिरहाने। मिठी को लगा कमरे में उसका दम घुट रहा है। टेबल पर एक निमंत्रण कार्ड पड़ा था। नृत्यकला मंदिर में गजलों का कोई प्रोग्राम है। ऐसे निमंत्रण कार्ड आते रहते हैं। मिठी को फुरसत कहाँ होती है कि कहीं जा पाए। फुरसत मिलती है तो बस सोती है। सोना चाहती है, पर आज आँखों में नींद नहीं है। वह बाहर निकलना चाहती है। मिठी की दुनिया के बाहर। घड़ी देखी। अभी समय है। एक बार आईना देखा। हाथ से बाल सँवारे और निकल गई। गाड़ी चलाते हुए मन में स्वतःस्फूर्त एक इच्छा आकार लेने लगी। काश, आज उससे मुलाकात हो जाती। दो पल के लिए वह इतना ही भर पूछ ले। 'कैसे हो बच्चा?' ···और मन के अहम् को सहलाती हुई एक और बात आई कि वह यह देख ले कि मिठी ने गँवाया है तो कुछ पाया भी है। लेकिन इन 'पाया' शब्द के साथ फिर एक सिहरन मन की गलियों से निकल, पूरी देह में फैल गई। गाड़ी का संतुलन बिगड़ते-बिगड़ते सँभाला। सँभली तो वह फिर आँखों के सामने आने लगी। पिछले वर्षों में किसी ने उसके लिए दो लफ्ज नहीं कहे। जिसने बातें कीं एक्ट्रेस मिठी से कीं। मिठी के भीतर जो नन्ही मिठी ठिठकी खड़ी है वर्षों से, उससे किसी ने बात नहीं की। हैलो, नहीं कहा उसे। अम्मा के लिए तो वह बस पैसे की मशीन ही है।

गजलें अच्छी थीं। पर मिठी का मन नहीं लगा। बाहर निकलने पर राजेश मिले। राजेश की उससे मित्रता थी। ये जरूर उसके बारे में बता सकते हैं। राजेश को कॉफी का निमंत्रण दिया। दस बजे रात में कॉफी? राजेश हँसे। मिठी ने उसकी परवाह न की। आग्रह के साथ मना करने से मना किया। उसके इस तरह से आग्रह करने पर राजेश इनकार नहीं कर सके।

आनंद रेस्तराँ के नीम अँधेरे में कॉफी की पहली सिप के साथ मिठी ने पूछा, 'राजेश जी, वो कहाँ है?'

राजेश उस 'वो' को पहचान नहीं पाए। तो मिठी ने बताने की कोशिश की। 'राजेश जी, वो जो उस समय हर कम उम्र की लड़की को शूटिंग से ज्यादा पढ़ाई पर ध्यान देने को कहती थी। जो हम सबों को 'बच्चे' कहा करती थी···'

यह बताते हुए मिठी के आँसू आँखों से ढरककर गालों पर बह आए, उसे पता भी नहीं चला। उस वक्त कहे गए शब्दों को दुहराते हुए आज मिठी उन शब्दों की ममता से आर्द्र हो रही है। काश, उस समय यह अहसास···

राजेश समझ गए कि मिठी किसकी बात पूछ रही है। राजेश का चेहरा उदास हो गया। उन्होंने पूछा।

'कल्याणी के लिए पूछ रही हो न?' मिठी ने सहमति में सिर हिलाया। राजेश

ने एक गहरी साँस ली और बताया।

'वह तो पिछले ही साल लीवर सिरोसिस से गुजर गई।'

मिठी के मुँह से आवाज न निकली।

घर लौटते हुए मिठी से गाड़ी नहीं सँभल रही थी। कल्याणी के विषय में राजेश जी ने बताया…कल्याणी। आज इस नाम को दुहराना उसे अच्छा लग रहा है। एक दिन इस नाम से जुड़े उस व्यक्तित्व से उसे इतनी चिढ़ थी कि उसका नाम तक उच्चारित नहीं करती थी। और आज यह नाम इस दुनिया में सबसे करीब…सबसे अधिक अंतरंग लग रहा है।

राजेश जी के शब्द कानों में गूँज रहे थे।

'जानती हो मिठी, उसके माँ-बाप बचपन में ही गुजर गए थे। मामा-मामी ने पाला। चौदह साल की उम्र में चवालीस साल के बूढ़े के हाथ ब्याह के नाम पर बेच दिया। अपने पालन-पोषण की कीमत से दुगना वसूल लिया। एक साल बाद उस अय्याश बूढ़े ने शरीफों के बीच शरीफ बनकर रहते हुए उससे पेशा करवाना शुरू किया। पेशा, मतलब मंत्रियों, आई०ए०एस० अफसरों को सप्लाई करके उनसे बड़े-बड़े काम निकालता। बचने की कोई राह नहीं थी। मोहल्ले में लोग उसका बहुत आदर करते थे। उसके विरुद्ध कोई इसकी नहीं सुनता। ताकतवर भी था। मुख्यमंत्री के घर का प्रमुख केअरटेकर था। दूर तक पहुँच भी थी। हारकर कल्याणी ने उससे अनुरोध किया कि वह उसकी हर बात मानेगी, पर उसकी शिक्षा में बाधा नहीं डाले। वह मान गया। उसकी कार्यशैली में अनपढ़ लड़की से ज्यादा पढ़ी-लिखी स्मार्ट लड़की कारगर होती। पोस्ट ग्रेजुएशन कर रही थी कि राव जी उसके जीवन में आए। बूढ़े से तलाक दिलवाया। पी-एच०डी० करवाई। कॉलेज में लेक्चरर के तौर पर नियुक्ति करवाई। खुद उससे शादी भी की। पहली पत्नी देहात में थी। देहात में रही। उसके बाल-बच्चे भी थे, जो हॉस्टल में रहकर ऊँची शिक्षा ले रहे थे। कल्याणी पहले राजी नहीं थी। नौकरी के लालच में राजी हुई। थोड़े दिनों बाद लगा जैसे खुशियाँ आने ही वाली हैं। वह प्रेगनेंट हुई। राव जी को उसका बच्चा नहीं चाहिए था। उसके अपने बच्चे पहले से थे ही। कल्याणी लड़-झगड़कर हार गई। बच्चा एबॉर्ट करा दिया गया। खुशियाँ फिर रूठ गईं। इसका रूप सोने की खान था। राव ने भी वही शुरू किया, जो बूढ़े ने किया था। जहाँ-तहाँ उसे यूज करने लगा। तंग आ गई थी कल्याणी। अपनी देह से उसे घिन आती थी। हिम्मत जुटाई और वह उनसे भी अलग हो गई। वह लेक्चरर थी। अपनी सैलरी से वह इज्जत से जी सकती थी। उसे किसी सहारे की जरूरत नहीं

थी। लेकिन खुशियों की प्रतीक्षा करते-करते वह टूट चुकी थी। तीस-पैंतीस की उम्र में जिंदगी से हार गई थी। किसी अपने का नहीं होना दुनिया को ढेर सारी दौलत के सुख से ज्यादा दुःखदायी है। वह बहुत अकेली थी। चूसी हुई देह और खोया हुआ बचपन उसके मन के चुभते कैक्टश थे। वह पीने लगी। शाम के बाद वह किसी से नहीं मिलती, क्योंकि वह होश में रहती ही नहीं थी। छुट्टियाँ उसे नापसंद थीं। इसलिए छुट्टियाँ होतीं तो वह टेलीसीरियल में काम करती। पिछले दिनों तो सुना था रात-रात-भर पीती रहती थी। लीवर सिरोसिस तो होना ही था।

चूसी हुई देह…खोया हुआ बचपन। मिठी को लगा, जैसे किसी दूसरे की कहानी में मिठी को किसी ने फिट कर दिया है।

आज समझ पा रही है कि क्यों बचपन को लेकर उसकी अनुभूतियाँ इतनी संवेदनशील थीं। वह यह भी समझ पा रही है कि कौन से तार दोनों के बीच जुड़े थे, जो कभी नफरत और आज प्यार में बदलकर उसके सामने है। आज मिठी सच में बिलकुल अकेली हो गई। अब कोई उसे 'बच्चा' नहीं कहेगा।

घर पहुँचने तक मिठी किसी तरह स्वयं को सँभालती रही। लेकिन अपने कमरे में पहुँचकर जैसे ही उसने उस कमरे को देखा। उस कमरे में फैले अपने अर्जित वैभव को देखा, उसे ठंड लगने लगी। कंबल लपेटकर भी वह काँप रही थी। उसे लगा, उसे जोर से बुखार आ रहा है। पूरे बदन में दर्द है। यह दर्द उसकी देह से होकर उसके मन, उसकी आत्मा सब में कैक्टश के सूक्ष्म काँटों की तरह चुभ रहा है। उस दर्द की उपलब्धि अपने अर्जित वैभव को देखने के लिए फिर से आँखें उठाईं तो टेबल पर बड़ा-सा लिफाफा नजर आया। ड्राइवर मेडिकल चेकअप की रिपोर्ट लाकर रख गया था। मिठी उसे देखती रही। उसे खोलकर देखने की हिम्मत उसमें नहीं थी। पर वह उसे देखती रही। शायद उसी में उसके अर्जित वैभव का क्लाइमेक्स था।

(परिकथा)

कैक्टश पर फूल

आरव की बस खुल चुकी थी। मधु चुपचाप बस स्टैंड पर खड़ी उसे गति पकड़ते देखती रही। बस, जब आँखों से ओझल हो गई तो मधु ने महसूस किया कि उसकी आँखें कोनों पर भीग गई हैं। होंठ धीरे-धीरे थरथराए यूँकि अगले पल खूब जोर-जोर से···चीख-चीखकर रो पड़ेगी। पर होंठों को एक-दूसरे से दबाकर उनकी थरशराहट को उसने शांत कर दिया। जिंदगी बहुत लंबी है। आने-जाने वाले आते-जाते रहते हैं, उनके साथ जिंदगी खतम नहीं होती।

माँ दरवाजे पर खड़ी थी। पूछा, 'आरव चला गया?'

'हाँ' कहने की जरूरत नहीं थी। उसे जाना था ही। मधु उसे छोड़ने ही गई थी। माँ ने भी बस पूछने के लिए ही पूछा था। उसे भी उत्तर की जरूरत नहीं थी, लेकिन मधु को माँ का 'पूछना-भर' भी नहीं भाया। शायद अभी वह कुछ सुनने की मनःस्थिति में नहीं है। उसे लग रहा है कि काश, वह कुछ सुन न पाती। उसके सोच भी समाधि की शून्यता में अपना अस्तित्व खो देते। या कम से कम थोड़ी देर के लिए अपनी साँसों को देह से उतारकर अलगनी पर अपने दुपट्टे की तरह टाँग सकती। किंसी भी तरह मन की चारदीवारी के भीतर गूँजते आरव के उलाहने से मुक्ति पा सकती, पर कहाँ? कुछ भी कहाँ आसान होता है?

'मधु, सब कुछ आसान हो···जीवन में कोई संघर्ष न हो···वैसा जीवन भी कोई जीवन है? चुनौतियाँ जीने का स्वाद बढ़ा देती है।'

आरव ऐसा कहता था, पर संघर्ष मधु के जीवन का है। वह उन दोनों का साझा नहीं हो सकता। और इतने दिनों में मधु ने देखा था कि हर वह चीज, वह बात···या कि जीने की शैली ही क्यों न हो, जो सुविधाजनक होती···सहज होती, आरव के लिए प्राथमिक थी। मधु भी तो उसे बहुत सहज ही उपलब्ध हुई थी।

'उदास है तू?' माँ ने फिर पूछा।

माँ भी न? उदास कैसे नहीं रहेगी? यह भी पूछने की बात है? माँ उसकी उदासी देख भी रही है। उसे पहचान भी रही है। मधु जानती है कि माँ से उसकी चुप्पी सही नहीं जा रही। माँ ने फिर पूछा, 'चाय बना रही हूँ, पिएगी न?'

माँ-बेटी दोनों ने नियंत्रित जीवन जिया है। मधु धीरे से मुस्कराई। माँ के

प्रश्न के उत्तर में प्यार से माँ को देखा और बोली, 'हाँ, पिऊँगी, पर तुम हटो, मैं बनाती हूँ।' माँ का चेहरा खिल गया। तुरंत बोली, 'ठीक है, तू बना···मैं तेरा स्वेटर पूरा कर लूँ, जरा-सा बाकी रह गया है।'

माँ और बेटी। बड़ी छोटी-सी दुनिया है मधु की। जीवन के चौदहवें वर्ष में थी, जब वह भयंकर हादसा हुआ था। उस हादसे के दुःख ने पिता की जान ले ली। पिता के गुजरते ही इनकी दुनिया सिमट गई। लेकिन माँ ने हार नहीं मानी। न अपने दर्द को आँखों में उतरने दिया, न ही बेटी को डिप्रेशन के गहरे गर्त में डूबने दिया। माँ के साथ-साथ पिता भी बन गई। शायद पिता ही नहीं, दोस्त··· रिश्तेदार···सब कुछ। आज मधु कॉलेज में लेक्चरर है। माँ अपनी बेटी पर गर्व करती है और बेटी अपनी माँ पर।

मधु चाय की प्याली माँ को पकड़ाती है। उन्हें देख मुस्कराती है। माँ खुश। उसे और क्या चाहिए? उसकी मधु खुश रहे बस। ऐसे आरव-वारव न जाने कितने आएँगे।···चलो, मधु ने उसके जाने को गंभीरता से नहीं लिया।

माँएँ कितनी भोली होती हैं। उन्हें धोखा देना कितना आसान है। मधु अपनी चाय लेकर कमरे में आ गई।

आरव से मुलाकात दिल्ली में हुई थी। वह एक सेमिनार में गई थी। वह भी था वहाँ। छह फीट लंबा, ताँबई रंग। होंठों पर एक स्थिर-सी मुस्कान। जैसे उसे कभी क्रोध ही नहीं आता हो। कभी कोई बात बुरी नहीं लगती हो। औपचारिक परिचय तो कराया ही गया था। असली परिचय बड़े सिनेमाई ढंग से हुआ।

'अरे!' मधु चौंकी। उसकी चाय पर छाली पड़ रही है और वह फिर उसे सोच रही है। गहरी साँसें ले रही है। नहीं, वह उसे नहीं सोचेगी। लेकिन···क्यों नहीं सोचेगी? ईश्वर ने उसकी राहों में काँटे तो बिखेर ही दिए हैं। उन्हें चुन-चुनकर रास्ता बनाकर चलना पड़ता है। हर कदम एक सोच के बाद उठता है, एक सोच के बाद बढ़ता है। इसी में उसकी समस्त इंद्रियाँ एकाग्र रहती हैं।···आसपास की हरियाली के लिए फुरसत कहाँ होती है, लेकिन खयालों के रास्ते गुजरने से तो वे रोक नहीं सकते।···वो घड़ियाँ···जो खूबसूरत थीं···उसकी रेतीली जिंदगी का ओएसिस। पता नहीं फिर कभी वैसी हरियाली उगे या न उगे···। किंतु, उस ओएसिस पर खयालों में भी थोड़ी देर ठहरना उसे अच्छा लगता है···उसे सुखी करता है।···शायद कल यही पल उसकी जिंदगी का अर्जित वैभव होगा।

मधु फिर खयालों के मखमली रास्ते पर लौट चली। सेमिनार से जो दोस्ती हुई, वह उसके अगले वर्ष आरव के बंगलौर आने तक चली। तीन दिनों की लंबी

यात्रा करके वह उससे मिलने ही आया था। उसी के घर ठहरा भी था। बहुत सारी एकांत की घड़ियों ने दोस्ती के खोल को नोचकर फेंक दिया। आरव बहुत अच्छा बोलता है। और उन मीठे क्षणों में तो उसके शब्दों में महुए का मीठा मद भर आया था। उस मद से मधु मत्त हो गई। यह एक दूसरा संसार था। माँ-बेटी के संसार से बिलकुल अलग। कड़वी स्मृतियों को नकारती मीठी मधुमय दुनिया।

उस बार जब मधु आरव को स्टेशन पर छोड़कर लौटी थी तो उसके जाने के दुःख से ज्यादा उसे पाने के सुख से भरी थी। फल-फूल से लदी डाल की तरह उसकी आँखें और उसकी देह कुछ-कुछ अलसाई, पर खिली-खिली दिख रही थी। अपनी भावनाओं के संसार में आकंठ डूबी हुई थी कि माँ ने उसे चौंकाते हुए कहा था, 'तेरी देह से आरव की मर्दानी खुशबू अब तक आ रही है।'

मधु ने पलकें झुका लीं। माँ ने थोड़े में बता दिया कि उन्हें सब पता है। पता है तो क्या हुआ? माँ ही तो उसकी एकमात्र अंतरंग है, दुःख-सुख सब बिना बताए जान लेने वाली। किंतु उसके आगे भाँ ने कुछ नहीं कहा। परंपरागत माँ की तरह उपदेश नहीं दिया। गलत-सही कुछ भी नहीं कहा। न ही कोई इमोशनल सीन क्रीएट किया। उसकी सहजता मधु के निर्णय की परिपक्वता पर एक यकीन थी, एक स्वीकृति थी।

एक साल और कट गया। लंबे-लंबे फोन कॉल्स। खत। जिंदगी प्रियतम के चुंबन की तरह मधुर थी। इतनी मधुर···इतनी सुंदर। मधु ने कभी उम्मीद नहीं की थी। सब कुछ उसकी कल्पना से परे था।

यूँ भी उसे अपनी जिंदगी बहुत कीमती लगती है। सुखों के छोटे-छोटे अणु भी वह दाँतों से पकड़ती है। क्यों न पकड़े? मृत्यु से भी भयावह, नरक से भी बीभत्स गलियारों से गुजरकर उसे दोबारा यह जिंदगी नसीब हुई है। उसे इसकी कीमत का पता है। वह इसे यूँ ही नहीं गँवा सकती।

उस हादसे के बाद शायद ही कोई लड़की जिंदा रह पाती है। रह भी जाती है तो मौत से बदत्तर जिंदगी जीती हुई। मधु भी लगभग मर ही तो गई थी। यहाँ तक कि उस सदमे से हुई पिता की मौत भी उसकी चेतना को जगा नहीं पाई थी। माँ ने अपना दर्द भूलकर एक चिकित्सक की सजगता से उसे नई जिंदगी दी। उसके मृत हो चले शरीर और मन को जिंदा ही नहीं किया, उसे एक हरी बेल में पल्लवित भी किया। मधु माँ का तो आदर करती ही है, उनकी दी हुई इस जिंदगी की भी कद्र करती है। जितना खूबसूरत, जितना सम्माननीय बना सकती है, उतना बना रही है। पर···आरव के आने के पहले···वह इतनी खूबसूरत और इतनी

हैरतअंगेज नहीं थी।

लेकिन इस बार अचानक बैंगलोर आकर आरव ने जब विवाह का प्रस्ताव रखा तो मधु सन्न रह गई। विवाह! हर क्वाँरी लड़की का सुंदर सपना! पर मधु विवाह के लिए कैसे हाँ कर दे? किस इरेजर से मिटा दे जिंदगी के पिछले पन्नों पर टँका वह अतीत...वह घिनावनी दास्तान! बिहार के छोटे से शहर से सुदूर दक्षिण में आकर माँ ने परिवेश बदल दिया तो जीना आसान हुआ। जो खोया... जो छूटा, उसका हिसाब दोनों माँ-बेटी नहीं लगातीं, पर खोना और छूटना उनके जीवन का सच है। वह घिनावनी दास्तान मधु के जीवन का सच है। उसके जीवन का एक कुरूप सच! आज अपनी शिक्षा, अपनी चेतना का स्वर सुन पाने, समझ पाने के कारण मधु उस गिल्ट के अहसास से मुक्त है...स्वयं को निर्दोष भी मानती है। पर आत्मा पे दंश है। शोषित होने की पीड़ा है, लेकिन आज की स्थितियों में वह कमजोर भी नहीं। वह जानती है अपनी जिंदगी जीने का हक है उसे। वह किसी को प्यार कर सकती है। उसके साथ देह भी जी सकती है, पर ब्याह? उसकी बुनियाद तो ईमानदार होनी चाहिए। वह अतीत छिपाकर ब्याह नहीं कर सकती। और कह देने पर क्या आरव...?

वैसे बार-बार यह प्रश्न मन में आता रहा। क्या आरव को उसके अतीत से वास्ता होना चाहिए? न भी हो, पर उसकी परिपक्वता, जीवन को गणितीय सवालों की तरह जीने की आदत ब्याह के बाद के जीवन के लिए सशंकित कर रही थी। अपनी ही सोचों से मधु के होंठों पर व्यंग्यात्मक मुस्कान पसर गई। हाँ, बिलकुल गणितीय सवालों की ही तरह जिंदगी के हर सवाल का हल निकाला है माँ-बेटी ने। हर कदम फूँक-फूँककर रखा है। किसी से बातें करते हुए भी हर पंक्ति पर कई बार सोचा है। इस दूसरे शहर में आकर भी जीवन कहाँ पूरी तरह निःशंक हुआ? सत्रह वर्ष गुजर चुके हैं। अँधेरे और एकांत आज भी डराते हैं। उस दंश में आज भी चुभन है।

शहर छोड़ते समय जब उसके जख्म बिलकुल ताजा थे। आँखें हर वक्त गीली होती थीं। कानों में कोई दूसरी आवाज सुनाई नहीं पड़ती थी। शायद न वह मुर्दा थी, न जिंदा। तभी माँ ने उसकी हालत की परवाह किए बिना उसे झकझोर-झकझोरकर उससे कसम ली थी।

'मधु, सुन मेरी बात, सुन बच्चा, आज के बाद इस घटना का जिक्र आपके होंठों पर न आए...न ही इस घटना की परछाईं आपके चेहरे पर झलके। न ही इसकी गलीज याद आपकी आँखों को गीला करे।...आपको आपकी माँ की

कसम।···छोड़ चलिए इन यादों को इसी शहर में।'

नन्ही-सी मधु पिता को खो चुकी थी। अब माँ को नहीं खो सकती थी। उसने माँ की बातें मानने की कोशिश की। अपनी बदली हुई पहचान के साथ नए सिरे से जीने का स्वाँग किया। स्वाँग तो स्वाँग होता है। दर्द अपनी जगह बदस्तूर था, पर सतर्कता से उसे छिपाते-छिपाते···नाट्य करते-करते, समय के साथ अकसर वह सचमुच सब कुछ भूल भी जाती। आरव के साथ गुजरा समय देह के गलियारे से होकर भी गुजरा था। पर आश्चर्यजनक ढंग से उसे उन बातों की जरा भी याद न आई। या यूँ कहें कि उस पल का सुख अतीत की दुःखद याद से ज्यादा प्रभावशाली रहा। या फिर स्वाँग करते-करते सच ही दर्द की नोक को उसने भोथरी कर दी थी। यह भी कह सकते हैं कि सामान्य लड़की की तरह जीने की कोशिश ने एक हद तक उसे सामान्य बना दिया था। लेकिन यह पूरी तरह सच नहीं था। बीच-बीच में फ्लैश की तरह कुछ कौंधता था। वह कौंध उसे वश में करके मलीन करती उससे पहले ही आरव के सुखद स्पर्श के वेग उसे अपनी आँच से मदहोश कर देते थे।

आरव से मिलने के पहले तक उसके मन के किसी कोने में पुरुषों को लेकर एक डर बैठा हुआ था। लेकिन आरव की मित्रता, उसके साथ ने, उसके मन को उस डर से भी मुक्त कर दिया। लेकिन आरव के विवाह-प्रस्ताव से वह सन्न रह गई है। पंख लगाकर वह मन, जो उड़ने लगा था, धरती पर लौट आया। दंश का दर्द कलेजे की भीतरी तहों को घायल करने लगा। मधु यह नहीं सोच पा रही थी कि आरव उस घटना को महत्त्व देगा। और यह सह पाना भी कष्टकर था उसके लिए कि वह सब सुनकर आरव उससे मुँह फेर लेगा। उसका मित्र भी न रहेगा। उससे घृणा करने लगेगा। अतीत को काटा नहीं जा सकता। जिंदगी की किताब के पिछले पन्नों पर समय की स्याही से अंकित होता है। मधु के आगे वह सत्रह साल पुरानी घटना कल की घटना फिर से बनकर ताजा हो उठी थी।

'माँ, पहचान बदलकर, देश-गाँव बदलकर, रिश्ते-नाते तोड़कर भी मेरे भविष्य को अतीत की परछाईं से बचा नहीं पाईं तुम। मुझ पर दुःखों का पहाड़ न टूटे, इसलिए दुःखों का गोबर्धन अपने कंधों पर रख लिया···पर क्या मेरे हिस्से का दुःख खत्म कर सकीं तुम?'

माँ की कसम तोड़ सकती तो कलेजा फाड़कर कितने आँसू उसकी आँखों से बहते इसका खुद भी उसे अंदाज नहीं था।

लेकिन उसे माँ की कसम याद थी। दिल की गहराइयों में दर्द पछाड़ें मारता रहा, पर चेहरे पर उसकी परछाईं तक उसने आने न दी। अपने मन के द्वंद्व से जब

उबर नहीं पाई तो तय कर लिया कि जो पल जिए हैं आरव के साथ···वे अनमोल हो चुके हैं, अब उनकी पुनरावृत्ति नहीं होगी। किसी भी शक्ल में··· । उसने आरव से कहा।

'आरव, मैं शादी नहीं कर सकती···मैं सिर्फ अपनी माँ को जानती हूँ।···घर में माँ की उपस्थिति के अतिरिक्त आठों पहर किसी पाजामे की फर-फर नहीं झेल सकती।'

इस उत्तर पर आरव के सन्न होने की बारी थी। मधु की बात पर कोई प्रश्न नहीं किया जा सकता था। उसने स्टेटमेंट दिया था। आरव को अच्छा नहीं ही लगना था···नहीं लगा। मधु के उत्तर ने दोनों के बीच के संवाद को ही मानो खत्म कर दिया। आरव ने उसकी बातों का मर्म जानने की भी कोशिश नहीं की। उसके लापरवाह उत्तर के पोर-पोर में रचा-बसा दर्द उसे दिखाई नहीं दिया।

और तो और माँ भी उसके दर्द से अनजान बनी हुई है। पूछती भी नहीं, 'वह क्यों गया?' तुमने क्या जवाब दिया? उसके जाने को बस झट से स्वीकार कर लिया। आँसू और रोष से भरी आँखें मधु ने ऊपर उठाईं तो देखा माँ हाथ में उसका अधबुना स्वेटर लिए दरवाजे पर खड़ी उसे ही देख रही है।

माँ सब समझ रही है। मधु की आँखों का रोष, उसके आँसू जो कोटरों के भीतर ही छलछला रहे हैं, वह सब देख रही है। पर वह क्या करे? वह अपनी कोई राय उसे नहीं देना चाहती। हाँ या ना कुछ भी नहीं। पुरुष का अहम् बहुत बड़ा होता है और सहनशक्ति बहुत छोटी। दागदार स्त्री, चाहे माँ हो, बहन हो, बेटी या पत्नी! वह स्वयं मर जाएगा या उस स्त्री को त्याग देगा। अपवादस्वरूप कोई साथ रह भी गया तो उनके बीच समानता नहीं, उस स्त्री के प्रति उनकी दया या कृपा होगी। दागदार स्त्री को ये पुरुष समानता का सम्मान दे ही नहीं सकते।

अपनी मरजी से मधु जो भी फैसले लेती है तो अपने सुख-दुःख की जिम्मेदार वह स्वयं ही होगी। उसके लिए कोई निर्णय लेकर उसके हिस्से आए दर्द को अब वह नहीं जी सकती। पिता तो उसी घड़ी चल बसे। पूरी जिंदगी मर-मरकर जीती रही है। देखने को दोनों सुखी हैं। पर ऐसी दो माँ-बेटी, जिनका कोई रिश्तेदार उनसे मिलने आता-जाता न हो···तो दुनिया के किसी गाँव-देश का समाज क्यों न हो, सवालों की झड़ी लगा देता है। इन्हें भी उसका सामना करना पड़ा था। तरह-तरह के झूठ का सहारा लिया था। बताया था कि उनका प्रेम-विवाह था, जिसे परिवार वालों ने नहीं स्वीकारा। पति की असमय मृत्यु के बाद उन्होंने भी उनसे दोबारा संबंध नहीं बनाया। पर ऐसा नहीं था कि माँ से, भाइयों से मिलने

को उनका मन तड़पा नहीं कभी। पर यह भी पता था कि मधु के लिए रिश्तेदारों के सवाल···उनकी आँखों की दया-नफरत···सब मिलाकर मधु को तोड़ देंगे। उससे उसकी जीने की हसरत ही छीन लेंगे।

और आज भी अगर मधु परिवार रचने की प्रक्रिया में आगे बढ़ती है तो वह गुजरा समय अतीत की कब्र खोदकर निकल आएगा।

हाँ, वह नहीं चाहती कि मधु कोई ऐसा निर्णय ले। अरे, बुराई क्या है? वह कॉलेज में पढ़ाती है। आर्थिक रूप से किसी पर निर्भर नहीं। भावनाओं को जीने के लिए जिंदगी इतनी लंबी है कि धूप-छाँव मिलती ही रहेगी। क्या जरूरत है रिश्तों में बँधने की। मेरे बच्चे! रिश्ते एक-दूसरे से बहुत कुछ चाहते हैं। अपनी कितनी वकालत कर पाएगी? अपनी जिंदगी सिर्फ अपनी बनकर नहीं जी सकती?

पर वह यह सब मधु को नहीं कह सकती। कहना तो दूर, दुनिया की कोई माँ अपनी बेटी के लिए ऐसा सोच भी नहीं सकती। पर यह माँ क्या करें? आम माँओं की तरह बेटी की डोली सजाने का चाव करेगी तो शायद खुशियाँ उसी पल दम तोड़ दें। इसीलिए तो उसे स्वतंत्र छोड़ दिया है। वह जो भी निर्णय ले। हाँ, अब वह स्वार्थी हो रही है···खुद को उसके किसी आने वाले दुःख के लिए उत्तरदायी बनाना नहीं चाहती। वह शायद दुनिया की सबसे बुरी माँ है।

मधु को याद है। ऐसी ही सूखी आँखें थीं माँ की, जब बैंगलोर आने का निर्णय लिया था उन्होंने। अपने चारों ओर पसरे दुःखों पर पैर रखकर वह वहाँ से निकल आई थी। आज कौन से दुःखों को फिर तुमने अपने कदमों तले दबाया है···आज फिर कौन-सा निर्णय लिया है माँ?

मधु ने चाय की प्याली नीचे रखी और माँ के पास गई, उन्हें बाँहों से पकड़कर वहीं चौखट पर बैठ गई।

'तुमने बताया नहीं माँ, पर मैं तुम्हारी खामोशी की भाषा समझने लगी हूँ··मेरी माँ! तुम दुनिया की सबसे अच्छी माँ हो।'

मधु ने माँ की गोद में सिर रखा। बच्चों की तरह अपना चेहरा उनके पेट में छुपा लिया। माँ ने उसके बालों में उँगलियाँ डाल दीं।

'मेरा बच्चा! मुझसे तेरी नाल जुड़ी है···तेरा हर दर्द तेरे साथ मेरे कलेजे में भी दुःखता है।'

पसरा रहा मौन। माँ-बेटी के स्पर्श परस्पर बातें करते रहे। दर्द बाँटते रहे। एक-दूसरे को सांत्वना देते रहे। शायद ऐसे ही खिलते हैं कैक्टश पर फूल।

□□